KB162759

왜 6·25 전쟁이 일어났을까?

교과서 속 역사 이야기, 법정에 서다

56 역사공화국 한국사법정

왜 6·25 전쟁이 일어났을까?

이승만 vs 김일성

글 김광일 박지현 | 그림 남기영

|주| 자음과모음

책머리에

반만 년 역사 동안 한반도에서는 수많은 전쟁이 벌어졌습니다. 외세의 침략도 있었고 내전도 있었습니다. 하지만 6·25 전쟁만큼 참혹한 결과를 낳은 전쟁은 없습니다. 우리는 지금도 전쟁을 끝내지 못하고 휴전 상태에 있습니다. 이런 상황에서 6·25 전쟁에 대해 한 번쯤은 돌아봐야 하지 않을까요?

6·25 전쟁은 1950년 6월 25일, 북한의 갑작스러운 공격으로 시작되었습니다. 하지만 이는 단순히 남한과 북한 사이에서 벌어진 전쟁이 아닙니다. 당시 미국과 소련 사이에서 벌어진 이념 전쟁이 냉전 시대를 낳았고, 그것이 한반도에 영향을 끼쳐 한반도를 38도선을 경계로 남한과 북한으로 갈라놓았어요. 시작은 단순한 분단이었지만, 시간이 흐르면서 그 틈은 넓어졌고 결국 서로에게 총칼을 겨누

게 된 것입니다.

한민족이라는 생각은 점차 사라지고 서로 증오만 남게 된 끔찍한 전쟁. 그 전쟁의 발발 조건은 외부에서 주어졌지만, 전쟁의 참혹한 결과는 남한과 북한, 즉 한반도가 고스란히 짊어졌습니다. 수많은 젊은이가 목숨을 잃었고 국토는 황폐해졌지요. 무엇보다도 참혹한 결과는, 같은 민족이 남한과 북한으로 갈라져 서로를 죽여야 하는 적으로 인식하게 되었다는 점입니다.

이런 상황을 이해하고 우리가 나아가야 할 방향을 결정하기 위해서는 당시 전쟁이 일어나게 된 배경과 그 과정을 명확하게 밝힐 필요가 있습니다.

6·25 전쟁을 돌아보는 한국사법정에는 전쟁 당시 남한과 북한의 대표였던 이승만과 김일성이 등장합니다. 당시 시대적 상황이 한반도를 전쟁으로 몰고 갔다 하더라도, 결국 결정을 내리고 지시한 것은 바로 대표자들입니다. 전쟁을 준비하고 시작한 것은 김일성이지만, 중간에 전쟁을 끝낼 수 있는 시간이 있었음에도 이를 지속하려 했던 것은 이승만과 김일성 둘 다입니다.

우리에게 북한은 같은 민족이면서 적이라는 참으로 아이러니한 존재입니다. 참혹한 결과를 부른 6·25 전쟁을 돌아보며, 우리에게 북한은 어떤 존재였고 앞으로 어떤 존재로 남아야 할지 생각해 봤으면 합니다.

김광일, 박지현

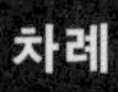

차례

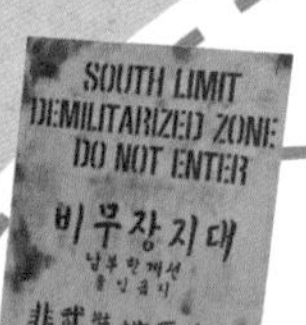

책머리에 | 4

교과서에는 | 8

연표 | 10

등장인물 | 12

프롤로그 | 16

미리 알아두기 | 20

소장 | 22

재판 첫째 날 광복 이후 한반도에서는 무슨 일이 있었을까?

1. 1945년 8월 15일, 독립을 선언하다 | 26

열려라, 지식 창고_8·15 광복과 건국 준비 위원회 | 41

2. 미국과 소련은 왜 한반도를 통치하였을까? | 43

열려라, 지식 창고_좌익과 우익이란? | 53

휴정 인터뷰 | 54

재판 둘째 날 남과 북은 왜 각각 단독 정부를 세웠을까?

1. 5·10 총선거와 대한민국 수립은 어떻게 진행되었을까? | 60
2. 김일성은 어떻게 정권을 잡았을까? | 76
열려라, 지식 창고_남북한 헌법 | 88
휴정 인터뷰 | 91
역사 유물 돋보기_6·25 전쟁 당시의 물건들 | 94

재판 셋째 날 민족상잔의 비극은 어떻게 일어났을까?

1. 1950년 6월 25일, 무슨 일이 일어났을까? | 100
2. 전쟁은 어떻게 진행되었을까? | 117
열려라, 지식 창고_영화로 보는 6·25 전쟁 | 130
휴정 인터뷰 | 132

최후 진술 | 135
판결문 | 140
에필로그 | 142
떠나자, 체험 탐방! | 146
한 걸음 더! 역사 논술 | 148
찾아보기 | 154

교과서에는

감격적인 광복을 맞았지만, 이것이 독립으로 이어지지는 못했다. 미국과 소련이 북위 38도선을 군사 분계선으로 설정하고 남과 북에 각각 자기 나라 군대를 진주시켰기 때문이다. 이후 남한에서는 총선거가 실시되어 대한민국 정부가 수립된다.

중학교	역사	Ⅳ.대한민국의 발전 1. 8·15 광복과 대한민국 정부의 수립 2) 대한민국 정부의 수립 과정은?
		Ⅳ.대한민국의 발전 2. 6·25 전쟁과 그 피해 3) 6·25 전쟁의 원인과 그 영향은?

북한 공산 정권은 소련과 비밀 군사 협정을 맺고 군사력을 증강한 뒤 대한민국에 대한 무력 남침을 강행하였다. 이렇게 북한이 일으킨 6·25 전쟁은 자유와 평화에 대한 도전이자 동족상잔의 비극이었다.

남한과 북한으로 나뉜 상태에서 남한에서 최초의 총선거가 치러진다. 여기서 대통령 이승만과 부통령 이시영이 선출되었고, 이어 대한민국 정부 수립이 선포된다. 이 일을 전후하여 남한 사회에서는 잦은 갈등이 불거지게 된다.

고등학교	한국사	Ⅷ. 냉전 체제와 대한민국 정부의 수립 3. 대한민국 정부와 북한 정부가 수립되다 3-1 대한민국 정부를 수립하다
		Ⅷ. 냉전 체제와 대한민국 정부의 수립 4. 6 · 25 전쟁과 전후 정치 · 경제의 변화 4-1 6 · 25 전쟁이 발발하다

남한과 북한은 북진 통일과 적화 통일을 내세우고 대립하게 되며, 결국 1950년 6월 25일 북한군의 남침으로 전쟁이 시작되었다. 이후 치열한 전쟁 끝에 수많은 희생자를 낸 채 정전 협정을 체결한다.

한국사 연표

1919년	3·1 운동 대한민국 임시 정부 수립
1920년	김좌진, 청산리 대첩
1926년	6·10 만세 운동
1929년	광주 학생 항일 운동
1932년	이봉창 의거, 윤봉길 의거
1933년	조선어학회, 한글 맞춤법 통일안 발표
1940년	한국광복군 결성
1943년	조선 총독부, 강제 징용 · 징병 실시
1945년	8·15 광복 미군정 시작
1948년	제주 4·3 사건 김구, 38도선을 넘어 북한 방문 남한, 5·10 총선거 실시 남한, 대한민국 정부 수립 북한, 조선민주주의인민공화국 수립
1949년	김구 피살
1950년	6·25 전쟁 1·4 후퇴
1953년	정전 협정

세계사 연표

1919년	파리 평화 회의 중국, 5·4 운동
1920년	국제 연맹 창설
1922년	소비에트 사회주의 공화국 연방 성립
1929년	세계 대공황
1931년	만주 사변
1933년	미국, 뉴딜 정책 독일, 히틀러 나치스 정권 수립
1937년	중일 전쟁
1939년	제2차 세계 대전
1943년	이탈리아 항복 카이로 선언
1945년	미국·영국·소련, 얄타 회담 미국, 히로시마 원자 폭탄 투하 일본 항복 미국·영국·중국, 포츠담 회담 국제 연합(UN) 성립 미국·영국·소련, 모스크바 삼상 회의
1946년	제1차 미소 공동 위원회 개최
1948년	세계 인권 선언 발표
1949년	중국, 중화인민공화국 수립
1950년	국제 연합, 한국 파병 결의

등장인물

원고 **이승만(1875년~1965년)**

내가 대한민국의 초대 대통령으로 있던 1950년 6월 25일에 북한은 38도선을 넘어 남한에 쳐들어왔어요. 6·25 전쟁으로 수많은 사람이 희생당하고, 가족과 생이별하고, 삶의 터전을 잃어버렸지요. 이 잔인한 전쟁을 일으킨 건 바로 북한입니다.

원고 측 변호사 **한반도**

역사공화국 사법 연수원을 수석으로 졸업한 한반도 변호사입니다. 진실과 정의가 살아 있는 역사를 만들기 위해 변호사가 되었어요. 경험은 적지만 역사 지식만큼은 누구에게도 뒤지지 않지요. 6·25 전쟁은 한민족 모두의 비극입니다. 이번 재판의 결과가 남북통일에 밑거름이 되기 바랍니다.

원고 측 증인 **김구**

나는 평생을 나라의 독립을 위해 싸웠습니다. 내 호가 '백범'인 것도, 백정같이 천하고 범부같이 평범한 사람에게도 애국심이 있어야 나라가 독립할 수 있다는 생각에서 지은 거지요. 그토록 바라던 해방을 맞았지만, 한반도는 결국 6·25 전쟁으로 허리가 끊기고 말았지요. 이번 재판을 통해 한민족의 의미에 대해 되새겨 보았으면 합니다.

원고 측 증인 **맥아더**

나 맥아더는 태평양 전쟁 때 미군 최고 사령관으로서 1945년 8월에 일본을 항복시키는 주요한 임무를 수행했어요. 6·25 전쟁 때에는 국제 연합군 최고 사령관으로서 그 유명한 인천 상륙 작전을 지휘했습니다.

판사 **공정한**

역사공화국의 공정한 판사입니다. 남한과 북한이 서로 대립할 수밖에 없었던 비극적인 상황에 대한 재판이니 만큼 신중하게 판단하여 공정한 판결을 내리도록 하겠습니다.

등장인물

피고 **김일성**(1912년~1994년)

나는 조선 민주주의 인민 공화국의 주석 김일성입니다. 6·25 전쟁이 끝난 지 어느덧 60여 년이 지났습니다. 그런데 이승만이 나를 전쟁을 일으킨 주범이라고 고소했지 뭡니까? 그날 38도선을 넘어 선제공격을 한 것은 남한입니다. 6·25 전쟁의 책임은 당연히 이승만에게 있지요.

피고 측 변호사 **나동무**

역사공화국의 베테랑 변호사 나동무입니다. 그동안 수많은 사건을 맡아 왔지만 이번 재판은 개인적으로 의미가 큽니다. 제 아버지, 어머니가 직접 겪은 전쟁이니까요. 이 전쟁은 어디서부터 시작되었을까요? 제가 속속들이 파헤쳐 사건의 진실을 밝혀내겠습니다.

피고 측 증인 **박종철**

나는 광복 이후의 상황을 지켜 보며 안타까워했던 시민 박종철입니다. 특히 해방된 조국이 다시 다른 나라에 의해 신탁 통치될 것이라는 소식에 분노를 금할 수 없었지요. 당시의 상황을 낱낱이 증언하도록 하겠습니다.

피고 측 증인 **마오쩌둥**

나는 1945년에 일본이 항복한 후 중국 땅에서 국민당을 몰아내고 1949년에 중화 인민 공화국을 세운 마오쩌둥입니다. 우리 중화 인민 공화국의 중공군은 6·25 전쟁에 참전하여 전세를 크게 바꾸어 놓았어요. 인천 상륙 작전으로 국제 연합군이 북으로 올라올 때 수많은 중공군을 파병하여 이들을 후퇴시켰죠.

피고 측 증인 **스탈린**

나는 소련 공산당의 스탈린입니다. 1929년부터 1953년까지 소비에트 사회주의 공화국 연방을 통치하였어요. 한반도가 일본 제국으로부터 해방되고 정부가 수립되는 과정에서 소련의 역할은 아주 컸습니다. 이번 재판에서 모두 증언하도록 하겠습니다.

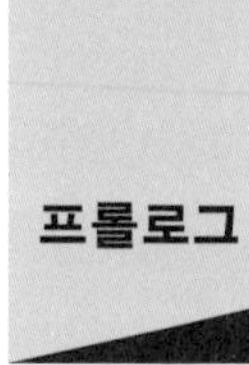

프롤로그

"6 · 25 전쟁 발발은 내 책임이 아니오!"

햇살이 내리쬐는 여름날, 별다방 앞에 선 이승만은 연신 시계를 들여다보며 부채질을 했다.

'왜 이렇게 안 오는 거야?'

약속 시간이 20분이나 지나 있었다. 이승만은 땀에 젖은 셔츠를 펄럭이며 더위를 식혔다. 그때 저 멀리서 뚜벅뚜벅 걸어오는 사람이 보였다. 통통한 얼굴에 불룩 나온 배를 보자 이승만이 소리쳤다.

"왜 이제야 오는 거요? 늦었으면 뛰는 성의라도 보여야지! 사람이 원!"

"사내가 고작 20분 가지고 큰 소리를 내면 되겠습니까?"

이승만은 김일성의 태도에 적잖이 기분이 상했다. 하지만 화를 꾹 누르고 별다방 안으로 들어섰다.

“반갑습니다! 손님, 차 주문하시겠습니까?”

“아이스 아메리카노 하나.”

“나는 쌍화차로 주시오. 계란 동동 띄우는 것 잊지 말고.”

두 사람은 각자 주문한 음료를 들고 자리에 앉았다. 휴일 낮이라 그런지 별다방은 사람들로 북적였다. 정확히 말하면, 역사 속 영혼들로 붐볐다.

“오늘 보자고 한 이유가 뭡니까?”

김일성이 쌍화차에 띄운 계란을 후후 불며 물었다. 일주일 전, 이승만으로부터 만나자는 연락을 받고 조금은 놀란 눈치다.

“늙은이가 나이가 드니 사람이 그리워집디다. 어떻게 지내나 궁금하기도 하고…….”

“죽은 사람이 잘 지내고 못 지내는 게 있겠습니까. 그냥저냥 지냅니다.”

이승만은 커피 잔에 담긴 얼음 하나를 와작 깨물었다. 아까 쌍화탕을 주문했을 때부터 마음에 들지 않더니, 죽고 나서 더 거만해진 모습이다.

“흠흠, 어쨌든 오랜만에 만나니 반갑습니다. 아드님도 잘 지내지요?”

“아, 정일이요? 작년에 이곳으로 와서 함께 지내고 있습니다.”

“세월이 빠르긴 빨라요. 6·25 전쟁이 벌어진 게 벌써 60여 년 전 일이 아닙니까? 그런데 아직도 전쟁에 대해 말들이 많네요.”

“저도 대충 알고 있습니다. 누구 책임이다 아니다 내기까지 건다

고 하더군요."

"누구 책임일 게 있습니까? 먼저 쳐들어온 사람이 잘못이지. 안 그렇습니까?"

이승만의 말에, 김일성은 홀짝이던 쌍화탕을 뿜어 버렸다.

"지금 북한이 먼저 공격했다는 말입니까?"

김일성의 얼굴은 시뻘겋게 변해 있었다. 금방이라도 콧구멍에서 뜨거운 김이 나올 것만 같았다.

"1950년 6월 25일 새벽! 먼저 쳐들어온 건 북한이지 않소!"

"단독 정부를 먼저 세운 것도, 전쟁을 먼저 시작한 것도 남한이었습니다!"

"이거 말로 해서는 안 될 사람이구먼! 좋게 만나서 잘 지내 보려 했더니만, 역시 사람은 쉽게 변하지 않아!"

"뭐요? 날 여기 부른 이유가 이거였소? 어디 싸워 보자는 겁니까?"

두 사람은 으르렁거리며 서로를 노려보았다. 김일성이 탁자를 내리치자, 이승만이 커피 잔을 움켜쥐었다. 이러다 제2차 한국 전쟁이라도 발발할 기세였다.

그때 점원이 두 사람에게 다가왔다.

"손님, 저희 영업점에서 이러시면 곤란합니다."

이승만과 김일성은 동시에 점원을 노려보았다. 아뿔싸, 점원은 키가 2미터에 덩치가 산만 했다. 점원의 기세에 주눅이 든 이승만과 김일성은 주섬주섬 가방을 챙겨 들었다. 싸움 구경을 하던 손님들도 슬금슬금 자리를 피했다.

집으로 돌아오는 길에 이승만은 치솟는 화를 참을 수가 없었다. 김일성에게 욕 한마디 못한 게 분했다. 그때 간판 하나가 눈에 들어왔다. '한반도 변호사 사무실'. 이승만은 망설임 없이 문을 밀고 들어서며 소리쳤다.

"김일성을 고소하겠소!"

미리
알아두기

계속되는 민족의 시련

1945년 8월 15일 우리 민족은 꿈에 그리던 광복을 맞이합니다. 그리고 당시 독립운동가가 중심이 되어 '조선 건국 준비 위원회'를 만들어 독립 국가를 건설하려고 노력했지요. 그런데 이때 미국과 소련 등 연합국이 한반도로 몰려옵니다. 일본군의 무장 해제를 명목으로 소련은 38도선 이북의 북한 지역에 들어오고 미국은 남한에 들어온 것이지요. 모스크바 삼국 외상 회의에서는 한반도에서 신탁 통치를 하기로 결정합니다. 신탁 통치란 국제 연합의 위임을 받은 나라가 정치적 혼란이 걱정되는 나라를 통치하여 주는 것이지요.

우리 민족은 신탁 통치를 반대하는 사람과 신탁 통치를 찬성하는 사람으로 나뉘게 됩니다. 우리 민족이 다시 분열된 것이지요. 이렇게 혼란을 겪고 있을 때 미군정은 1948년에 남한에서만 총선거를 실시하기로 결정합니다. 이 선거에서 뽑힌 국회의원들이 나라 이름을 '대한민국'이라고 정하고 정부를 수립하지요. 이후 북한에서도 김일성을 수상으로 하는 '조선 민주주의 인민 공화국'이 세워져 남한과 북한은 서로 다른 길을 걷게 됩니다.

이렇게 남북으로 갈라진 한반도에서 결국 6·25 전쟁이 터집니다. 1950년 6월 25일 북한군이 휴전선을 넘어 남한에 침입한 것이지요. 북한의 침입에 대비하지 못한 남한은 속수무책으로 한 달 만에 경상도를 제외한 전 지역을 점령당합니다. 이에 미국을 포함한 국제 연합군이 한반도가 공산화되는 것을 막기 위해 곧바로 전쟁에 참전했고, 남북 간에 공방이 오간 끝에 휴전 협정을 맺게 됩니다.

약 3년 동안 벌어진 6·25 전쟁으로 남과 북 모두 큰 희생을 겪었고, 분단은 이후 우리 민족에게 큰 짐이 되고 있습니다.

원고 | 이승만 대리인 | 한반도 변호사
피고 | 김일성 대리인 | 나동무 변호사

청구 내용

나는 1875년 3월 26일 황해도 평산에서 가난한 선비의 아들로 태어났습니다. 본관은 전주 이씨로, 세종 대왕의 형인 양녕 대군의 16대손입니다. 세 살 때 부모님을 따라 서울로 이사 와 배재 학당에서 영어와 신학문을 공부했고, 미국 조지 워싱턴 대학교, 하버드 대학교, 프린스턴 대학교에서 각각 학사·석사·박사 학위를 받았지요. 주로 국외에서 민족의 독립과 개혁을 위한 활동을 벌이다가, 1948년 대한민국 초대 대통령에 당선되었습니다.

1950년 6월 25일 새벽, 북한군은 엄청난 폭탄을 남한에 뿌리며 기습 공격을 해 왔습니다. 3년 동안의 전쟁은 한반도에 엄청난 피해를 주었지요. 전 국토가 폐허가 되었으며, 많은 사람이 다치고 목숨을 잃었습니다. 1953년 7월 27일 휴전 협상이 이루어져 남과 북은 휴전선을 경계로 나뉘게 되었습니다.

6·25 전쟁은 아직 끝나지 않았습니다. '휴전'이라는 말에서 알 수 있듯이 잠시 전쟁을 멈추고 있을 뿐이지요. 그리하여 우리나라는 세계 유일의 분단국가라는 오명을 지고 있습니다.

남북통일이 이루어지기 위해서는 분단의 가장 큰 원인이 된 6·25

전쟁에 책임을 물어야 할 것입니다. 6·25 전쟁을 일으킨 건 북한입니다. 북한군은 같은 민족을 탱크로 짓밟고 세계의 평화를 위협했습니다. 북한은 수십만 명의 대한민국 민간인을 학살했으며, 대한민국 각계각층의 지도급 인사들을 북으로 납치해 갔습니다.

이에 6·25 전쟁을 일으킨 장본인인 김일성을 고소하는 바입니다. 김일성은 전쟁 발발의 책임을 지고 남북한 국민 모두에게 사과해야 하며, 전쟁으로 인해 발생한 정신적·물질적 피해를 보상해야 합니다. 역사공화국 한국사법정에서 6·25 전쟁의 진실을 밝혀 주시기 바랍니다.

입증 자료

- 중학교 역사 교과서
- 고등학교 한국사 교과서

그 외 자료 추후 제출하겠음.

위 청구인 이승만

역사공화국 한국사법정 귀중

증 인

재판 첫째 날

광복 이후 한반도에서는 무슨 일이 있었을까?

1. 1945년 8월 15일, 독립을 선언하다
2. 미국과 소련은 왜 한반도를 통치하였을까?

교과연계

역사
VI.대한민국의 발전
1. 8·15 광복과 대한민국 정부의 수립
(2) 대한민국 정부의 수립 과정은?

1

1945년 8월 15일, 독립을 선언하다

이승만과 김일성의 법정 싸움은 재판 전부터 역사공화국을 발칵 뒤집어 놓았다. 재판에 대한 사람들의 관심을 보여 주듯, 방청석은 여느 때보다 북적였다. 방청객의 대다수는 6·25 전쟁을 직접 겪은 사람들이었다. 그들은 나이도 성별도 국적도 다양했다. 이번 재판의 결과는 방청객에게도 중요한 것이었다.

이윽고 판사와 양측 변호사, 원고와 피고가 법정에 들어섰다. 이승만과 김일성이 나타나자 방청석은 찬물을 끼얹은 듯 조용해졌다.

말끔하게 정장을 차려입은 이승만이 원고석에 앉았다. 이승만은 입가에 옅은 미소를 띠며 법정을 둘러보았다. 승리를 확신한 듯 여유 있는 모습이었다. 피고인 김일성은 검은색 옷을 입고 있었다. 생전에 즐겨 입었던 인민복이다. 김일성 또한 자신감이 느껴지는 당당한 걸음으로 피고석에 올랐다.

분단국가
'분단'은 '동강이 나게 끊어 가르다'라는 뜻으로 나누어진 국가라는 의미입니다.

판사 지금부터 원고 이승만이 피고 김일성을 상대로 제기한 사건의 재판을 시작하겠습니다. 원고 측 변호인, 피고를 고소한 이유에 대해 설명해 주시기 바랍니다.

한반도 변호사 여기 법정에 계신 분들은 모두 1950년에 한반도에서 일어난 비극을 알고 있을 겁니다. ▶6·25 전쟁은 한반도를 쑥대밭으로 만들었습니다. 도시와 농촌은 폐허가 되었고, 수백만 명의 사람이 목숨을 잃었습니다. 그때 희생당한 분들이 여기 방청객 중에도 계실 것입니다.

한반도 변호사의 말에 방청석 곳곳에서 흐느끼는 소리가 터져 나왔다.

한반도 변호사 6·25 전쟁은 한반도를 **분단국가**로 만들었습니다. 지금도 전쟁은 끝나지 않았습니다. 60년이 넘도록 휴전 상태로 대립하며 남과 북은 서로에게 총부리를 겨누고 있습니다. 이 전쟁은 누가 일으킨 것입니까? 바로 북한입니다. 1950년 6월 25일, 북한은 군사 분계선인 38도선을 넘어 남한을 먼저 공격하였습니다. 이에 당시 북한의 지도자인 피고 김일성에게 전쟁을 일으킨 책임을 묻고, 물질적·정신적 피해 보상을 요구하는 바입니다.

교과서에는
▶ 전쟁으로 인한 남한의 사상자 수만 해도 150만 명에 달했고, 수많은 전쟁고아와 이산가족이 발생했습니다. 국토 또한 황폐해졌고, 공장, 건물, 철도 등이 파괴되어 버리고 말았지요.

경거망동
경솔하여 생각 없이 망령되게 행동한다는 의미입니다.

판사 피고 측 변호인은 이에 대해 어떻게 생각하십니까?

나동무 변호사 1950년 6월 25일에 일어난 전쟁은 한반도의 운명을 바꾸어 놓았습니다. 전쟁으로 한민족이 겪어야 했던 고통은 이루 말할 수 없지요. 그러나 피고인 김일성이 전쟁을 일으킨 주범이라고요? 그건 당치도 않은 말입니다. 6·25 전쟁을 먼저 일으킨 것은 남한이었습니다. 원고 이승만은 무고한 피고에게 죄를 뒤집어씌우려 하고 있습니다. 원고야말로 전쟁에 대한 책임을 져야 합니다.

김일성 북조선을 공격한 간사한 무리를 당장 처단하시오!

그러자 방청객 앞줄에서 누군가가 일어나 박수를 치기 시작했다. 김일성을 지지하는 사람들이 하나둘 동참하여 법정은 순식간에 아수라장이 되었다. 여기저기서 "김일성 만세", "위대한 수령님"을 외쳤다.

판사 모두 자리에 앉으세요! 계속 경거망동한다면 법에 따라 엄중하게 다룰 것입니다. 그리고 피고는 판사의 허락이 있을 때에만 발언할 수 있다는 점을 명심하세요.

김일성 알겠습니다. 자자, 동무들, 모두 자리에 앉으라우.

장내는 곧 조용해졌다. 그런데 딱 한 사람이 꼿꼿이 선 채로 계속 박수를 쳤다. 뽀글뽀글 파마머리에 선글라스를 끼고 카키색 인민복을 입은 그는 어딘가 김일성을 닮은 듯했다.

판사 거기 서 있는 아주머니! 어서 자리에 앉으세요. 마지막 경고입니다.

김정일 뭐? 아주머니? 내가 누군지 알고 하는 말이오?

나동무 변호사 하하, 존경하는 판사님, 저기 서 있는 분은 피고 김일성의 자제분인 김정일 국방위원장입니다. 아버님의 재판을 지켜보다 감정이 복받쳤나 봅니다.

국방위원장
북한 국방위원회의 위원장으로 북한의 최고 직책에 해당합니다.

김정일 나는 위대하신 김일성 수령님의 말씀에 경의를 표한 것뿐입니다. 김일성 수령님, 만세!

결국 김정일은 법정 밖으로 쫓겨나고 말았다. 김일성은 끌려 나가는 아들을 바라보며 작게 한숨지었다.

판사 재판을 진행하겠습니다. 6·25 전쟁이 발발한 원인과 그 책임을 밝히기 위해서는 당시의 정세를 살피는 것이 우선일 듯합니다. 원고 측 변호인부터 변론하세요.

한반도 변호사 제2차 세계 대전에서 연합국의 승리가 점차 확실해지자, ▸1943년 11월 미국, 영국, 중국의 대표들은 이집트의 카이로에 모여 소위 '카이로 선언'을 발표했습니다. 주된 내용은 일본의 침략을 정지시키기 위해 연합국이 힘을 모으자는 것이었습니다. 또한 처음으로 한반도의 독립 문제가 논의되어, 한반도를 적당한 시기에 자유롭게 독립시킨다는 결정이 내려지지요. 이어 1945년에 독일

교과서에는

▸ 미국의 루스벨트, 영국의 처칠, 중국의 장제스가 이집트의 카이로에 모여 한국의 독립 문제를 논의한 것이 바로 '카이로 회담'입니다. 이 자리에서 "적당한 시기에 한국을 독립시킨다"고 결정하였지만, 이 적당한 시기가 언제인지는 언급되지 않아 문제가 되고 있지요.

이 항복하였고, 그해 8월에는 독일의 포츠담에서 미국, 영국, 중국, 소련의 대표들이 모여 '포츠담 회담'을 가졌습니다. 이 회담에서 일본에 대한 항복 권고와 제2차 세계 대전 이후의 일본에 대한 처리 문제가 논의되었고, 한반도의 독립이 재확인되었습니다. 그러나 일본은 이 선언을 묵살하였지요. 이에 미국은 히로시마와 나가사키에 원자 폭탄을 투하하였습니다. 결국 1945년 8월 15일, 일본의 무조건 항복으로 제2차 세계 대전은 끝이 났습니다. 그 결과 ▶30여 년 동안 일제의 지배 아래 있던 한민족은 광복을 맞이하게 되었습니다. 하지만 광복 이후에도 한민족의 운명은 어둡기만 했습니다.

판사 그게 무슨 뜻인가요?

한반도 변호사 일제의 침략과 수탈 속에서 한민족의 염원은 오로지 하나, 독립이었습니다. 하지만 일본의 패망과 연합국의 승리로 얻은 독립은 진정한 독립이 아니었습니다.

판사 자세히 설명해 주시겠습니까?

한반도 변호사 이에 대해서는 당시 민족의 지도자였던 김구 선생님이 더 잘 설명해 주시리라 생각합니다. 이에 김구 선생님을 증인으로 신청합니다.

판사 받아들입니다. 증인 김구는 증인석으로 나와 주십시오.

교과서에는

▶ 일본의 항복으로 제2차 세계 대전이 연합국의 승리로 끝나자, 우리 민족은 일제의 가혹한 식민 통치에서 벗어나 광복을 맞게 됩니다.

흰 도포를 입은 김구가 증인석에 올랐다. 일제하에서 독립운동에 앞장섰고 광복 이후엔 남북 협상을 제창했던 분

카이로 선언
일본의 침략 행위를 정지시킵시다!
한반도를 적당한 시기에 독립시켜야 해요.
연합국이 힘을 모읍시다!

포츠담 회담
일본의 무조건 항복!
일본이 항복하지 않으면 전쟁이라도…
한국의 독립을 위해!
옳소!

독립운동가이자 정치가였던 백범 김구

답게 몸가짐이 단호하고 의지가 서렸다.

김구 선서. 나 김구는 진실만을 말할 것을 맹세합니다.

한반도 변호사 민족의 영원한 스승이자 지도자인 김구 선생님을 만나게 되어 영광입니다.

김구 민족의 스승이라니, 과찬이십니다. 나는 평범한 백성의 한 사람일 뿐입니다.

한반도 변호사 워낙 유명한 분이라 많은 사람들이 알고 있겠지만, 자기소개를 부탁드립니다.

김구 나는 1876년 황해도 해주에서 태어났습니다. 3·1 운동 후 중국 상하이 임시 정부에서 활동했고, 한국독립당을 조직하여 ▸이봉창, 윤봉길 등의 거사를 이끌었습니다. 1944년에는 대한민국 임시 정부의 주석이 되어 독립에 더욱 앞장섰습니다. 광복 후 남한 단독 총선에 반대하다 1949년 안두희에게 암살당해 역사공화국에 오게 되었습니다.

한반도 변호사 본론으로 들어가 묻겠습니다. 증인은 1945년 8월 15일을 기억하십니까?

김구 그럼요. 죽어서도 또렷이 기억합니다. 우리나라가 일제의 식민 통치로부터 벗어난 날이지요.

한반도 변호사 그토록 원하던 광복을 맞았으니 무척 기뻐셨겠습니다.

교과서에는

▸ 이봉창은 1932년 일본 도쿄에서 일본 국왕을 처단하기 위해 국왕의 마차에 폭탄을 던졌습니다. 또한 윤봉길은 상하이에서 일본군의 상하이 점령 축하 기념식장에 폭탄을 던졌지요.

김구 일본의 손아귀에서 해방된 것은 물론 기쁜 일이었습니다. 하지만 광복은 일본 천황이 연합국에 무조건 항복하면서 갑작스럽게 이루어졌습니다. 결국 자주독립은 물거품이 되고 말았지요.

한국독립당
1930년 중국 상하이에서 김구, 안창호 등이 조직한 독립운동 단체입니다. 강력한 항일 투쟁을 벌였지요.

한반도 변호사 결과적으로 광복을 맞이했으니 민족에게는 좋은 일이지 않습니까?

김구 일본의 항복을 직접 이끌어 낸 것은 연합국이었습니다. 나는 바로 이것을 염려했어요. 외세의 개입으로 이루어진 광복이라면, 이후 민족의 운명은 어찌 되겠습니까? 또다시 다른 나라의 이익에 의해 좌지우지될 게 뻔하겠지요. 내 예상대로 1945년 8월, 소련군은 대일 선전 포고와 함께 한반도 북부와 만주를 공격했습니다. 소련군은 일본군을 물리치면서 북한 지역의 대부분을 장악했어요. 이어서 9월에는 하지 중장의 지휘하에 미군이 한반도에 상륙하였습니다.

한반도 변호사 그 후 북쪽에는 소련이, 남쪽에는 미국이 영향력을 행사하게 되었군요.

김구 ……그렇습니다.

김구는 두 눈을 감고 나지막이 대답했다. 그의 눈가에 눈물이 살짝 고였다.

교과서에는

▶ 북한 지역에 들어온 소련군은 38도선 이북 지역을 장악하고 공산주의 세력을 후원합니다. 한편 미군정은 남한에서 대한민국 임시 정부와 조선 인민 공화국을 모두 부인하기에 이릅니다.

한반도 변호사 ▶광복 직후 미국군과 소련군은 일본군의 무장 해제를 명분으로 한반도를 점령하였습니다. 그때부터

증인
외세가 개입해
광복이 되었으니
장차 민족의 운명이
어찌 되겠소!

한반도의 운명은 남과 북으로 나뉘게 되었지요. 이상입니다.

김구 일본의 갑작스런 항복으로 연합군에 의한 독립이 이루어졌으니 한반도의 운명은…….

판사 피고 측 변호인, 질문하세요.

나동무 변호사 네. 광복이 일어났을 당시 증인은 무엇을 하고 있었나요?

김구 중국 땅에서 거사를 준비하고 있었습니다. 광복군을 본국에 상륙시켜 일본인들을 몰아내고 민족을 독립시키고자 하였지요. 하지만 바로 그때 일본 천황이 항복을 선언한 것입니다.

나동무 변호사 갑작스러운 광복으로 한반도가 혼란스러웠겠네요?

김구 그렇습니다. 사회 혼란을 막고 나라를 세우기 위해 수많은 지도자들이 조직을 만들었습니다. ▶여운형, 안재홍, 송진우, 김성수, 이승만 등이 그들이지요. 나 또한 귀국하여 활동하였습니다.

나동무 변호사 45년 동안이나 일본의 지배를 받아 왔고 갑작스럽게 광복이 찾아왔으니, 민족 스스로 나라를 재건하는 일이 역부족이지 않았을까요?

김구 어찌 한민족의 위상을 깎으려 합니까? 일본의 억압 속에서도 우리 민족은 독립을 위해 목숨을 바치며 싸워 왔습니다. 우리 민족을 폄하하지 마십시오!

나동무 변호사 나는 객관적인 입장에서 말하는 것입니다. 물론 우리 민족의 힘은 대단하며, 저 또한 한민족임을 자랑스럽게 생각합니다. 하지만 오랫동안 다른 나라의 통

역부족
힘이나 기량 따위가 모자라는 것을 말합니다.

폄하
가치를 깎아내린다는 뜻입니다.

교과서에는

▶ 여운형은 안재홍 등과 함께 건국 준비 위원회를 조직하였습니다.

치를 받아 온 민족이 하루아침에 해방된다면 당연히 갈팡질팡하지 않겠습니까? 이런 상황에서 우호적인 다른 나라의 도움을 받는다면 민족에게도 좋은 일이지요.

김구 해방 직후 한반도를 점령한 미국과 소련이 우호적인 나라라고요? 나는 그렇게 생각하지 않습니다. 미국과 소련은 한민족의 운명에는 관심이 없었습니다. 진짜 한반도의 미래를 생각했다면 한민족 스스로 일어설 수 있게 도왔어야지요.

나동무 변호사 물론 미국이 한반도를 점령한 것은 자국의 이익을 위한 것이었습니다. 하지만 소련은 달랐습니다.

판사 피고 측 변호인, 증거가 있습니까?

나동무 변호사 1945년 9월 2일 도쿄에서 일본의 항복 조인이 이루어지자, 미군은 한반도 점령을 본격화했습니다. ▸9월 8일 미군은 제물포항에 상륙하여 서울로 들어왔고, 주한 미군 사령관 하지 중장은 조선 총독부를 접수했습니다. 이와 함께 미국 태평양 방면 육군 총사령관 맥아더 장군의 이름으로 포고령이 내려졌습니다. 이 맥아더 포고문을 보면 한반도에 대한 미국의 목적을 알 수 있습니다. 미국의 시커먼 속내가 드러나는 부분을 읽어 드리겠습니다.

제1조 북위 38도 이남의 조선 영토와 조선 인민에 대한 통치의 전 권한은 맥아더 총사령관에게 있다.
제3조 모든 사람은 총사령관의 명령과 총사령관의 권한하에서

발포한 명령에 즉각 복종해야 한다. 점령군에 대한 모든 반항 행위 또는 공공의 안녕을 교란하는 행위는 엄중한 벌로 다스린다.
제5조 미국의 군정 기간에는 영어를 공식 언어로 사용한다. 영어 원문, 조선어 원문, 또는 일본어 원문의 해석 또는 정의가 애매하거나 같지 않을 때에는 영어 원문을 기본으로 한다.

미군은 한반도를 직접 통치하여 미국의 속국으로 만들려 했습니다. 미군은 해방군이 아닌 점령군이었습니다.

판사 원고 측 변호인은 피고 측 변호인의 주장에 대해 어떻게 생각하십니까?

한반도 변호사 ▶▶미군은 조선 총독부의 기구를 그대로 미군정의 기구로 삼고, 일제 시절의 한국인 및 일본인 관리들을 계속 근무하도록 했습니다. 한반도를 점령한 세력이 일본에서 미국으로, 그 주체만 바뀐 것이었습니다.

나동무 변호사 하지만 소련은 달랐습니다. 1945년 8월 11일 소련군은 함경북도 웅기에 상륙하였습니다. 그 후 소련군 사령관 치스차코프 대장의 이름으로 포고문을 내렸는데, 맥아더 포고문과는 완전히 다른 내용이었습니다. 소련군 포고문을 소련군이 해방군이었다는 증거로 제출합니다.

속국
종속국과 같은 말로, 법적으로는 독립국이지만 실제로는 정치·경제·군사 면에서 다른 나라에 지배되고 있는 나라를 가리킵니다.

교과서에는

▶ 1945년 9월 2일 일본으로부터 항복을 받은 미군은 8일 인천에 상륙하고 9일 서울에 도착하여 조선 총독으로부터 항복을 받아 냈습니다.

▶▶ 미군은 군정 실시를 선언하면서 민주주의 실현과 질서 유지를 명분으로 조선 총독부의 행정 체제를 활용하고자 하였습니다. 그래서 대한민국 임시 정부와 조선 인민 공화국을 부인하였지요.

조선 인민들에게!

조선 인민들이여! 붉은 군대와 동맹국 군대들이 조선에서 일본 약탈자들을 구축하였다. 조선은 자유국이 되었다. 그러나 이것은 오직 조선 역사의 첫 페이지가 될 뿐이다. 화려한 과수원은 사람의 노력과 고려의 결과이다. 이와 같이 조선의 행복도 조선 인민이 영웅적으로 투쟁하며 꾸준히 노력하여야만 달성한다.

일본 통치하에서 살던 고통의 시일을 추억하라! 담 위에 놓인 돌멩이까지도 조각돌까지도 괴로운 노력과 피땀에 대하여 말하지 않는가? 누구를 위하여 당신들이 일하였는가? 왜놈들이 고대광실에서 호의호식하며 조선 사람들을 멸시하며 조선의 풍속과 문화를 굴욕한 것을 당신들이 잘 안다.

이러한 노예적 과거는 다시 돌아오지 않을 것이다. 진저리 나는 악몽과 같은 그 과거는 영영 없어져 버렸다.

조선 사람들이여! 기억하라! 행복은 당신들의 수중에 있다. 당신들은 자유와 독립을 찾았다. 이제는 모든 것이 죄다 당신들에게 달렸다.

붉은 군대는 조선 인민이 자유롭게 창작적 노력에 착수할 만한 모든 조건을 지어 주었다. 조선 인민 자체가 반드시 자기의 행복을 창조하는 자로 되어야 할 것이다. 공장, 제조소 및 공작소 주인들과 상업가 또는 기업가들이여! 왜놈들이 파괴한 공장과 제조소들을 회복시키라. 새 생산 기업소들을 개시하라. 상점들을 열라. 상업 및 공영 기업소들을 새로 개설하라. 붉은 군대 사령부는 모든 조선 기업소들의 재산 보호를 담보하며 그 기업소들의 정상적 작업을 보장함에 백방으로 원조할 것이다.

조선 노동자들이여! 노력에서의 영웅심과 창작적 노력을 발휘하라! 조선 사람의 훌륭한 민족성 중 하나인 노력에 대한 애착심을 발휘하라! 진정한 사업으로서 조선의 경제적 및 문화적 발전에 대하여 고려하는 자라야만 모든 조선의 애국자가 되며 충실한 조선 사람이 된다.

해방된 조선 인민 만세!

— 붉은 군대 사령부

*민주주의민족전선, 『조선해방연보』, 1946, 41~42쪽

포고문의 내용을 살펴보면, 소련군은 한반도의 자유와 독립을 지지하며 새 국가 건설을 적극적으로 도우려 한다는 것을 알 수 있습니다.

고대광실
높은 대에 넓은 집이라는 뜻으로, 매우 크고 좋은 집을 가리킵니다.

한반도 변호사 지금 피고 측 변호인은 소련의 의중을 잘못 이해하고 있습니다. 소련의 의도 또한 미국과 크게 다르지 않았습니다. 당시 38도선 이북 지역에선 사회주의 세력의 영향력이 컸습니다. 미국처럼 직접적으로 통치할 필요가 없었죠. 그래서 소련은 간접 통치의 방식으로 이북 지역을 소련의 손아귀에 넣으려 하였습니다.

나동무 변호사 소련은 한반도가 새 국가를 건설할 수 있게 도운 동지입니다!

한반도 변호사 그 국가는 어떤 국가입니까? 미국과 소련, 각각 자기의 나라에 유리한 국가를 세우려는 것 아니었습니까?

나동무 변호사 뭐요?

판사 두 분 다 그만두십시오! 여기는 신성한 법정입니다. 법정을 모독하는 싸움은 절대 용납할 수 없습니다.

8·15 광복과 건국 준비 위원회

1945년 8월 15일 낮 12시, 일본 국왕은 라디오 방송을 통해 연합국에 무조건 항복을 선언하였습니다. 이로써 우리 민족은 일본 제국의 지배에서 벗어나 해방을 맞이했습니다. 해방 소식이 전해지자 사람들은 거리로 쏟아져 나왔고 손수 만든 태극기를 흔들며 기뻐했어요.

해방 후 가장 시급한 문제는 국가를 세우는 것이었습니다. 새 나라 건설에 적극적으로 나선 사람은 여운형이었습니다. 여운형은 1944년부터 건국 동맹을 만들어 해방을 준비하고 있었어요. 일본의 패전이 가까워지자, 조선 총독부는 여운형을 만나 연합군이 들어오고 일본인이 한반도에서 물러날 때까지 일본인을 보호해 줄 것을 부탁했습니다. 이에 여운형은 '감옥에 갇혀 있는 정치범과 경제범의 석방, 3개월 식량 보장, 치안 유지와 건국 운동을 위한 모든 정치 운동에 간섭 금지, 노동자와 농민을 건국 사업에 동원·조직하는 데 간섭 금지' 등의 요구 조건을 제시하였습니다. 일본 아베 총독이 요구를 받아들이자, 일본 제국의 항복과 동시에 건국 준비 위원회가 발족되었습니다.

건국 준비 위원회에는 건국 동맹을 기반으로 좌익과 우익 세력이 골고루 참여했습니다. 한반도 전역에서 많은 사람들이 동참하여 8월 말에는 전국에 145개의 지부가 만들어졌습니다. 우리 민족 스스로의 힘으로 새 나라를 건설하려는 의지와 움직임이 뜨거웠지요.

그런데 곧 미군이 38도선 이남 지역에 들어온다는 소문이 퍼지기 시작했

건국 준비 위원회 발족식에서 강연하는 여운형

습니다. 이에 9월 6일, 건국 준비 위원회는 조선 인민 공화국 수립을 선포했습니다. 미군이 들어오기 전에 미군을 상대할 독립 정부가 있어야 한다는 생각에 서둘러 정부를 세운 것이었죠. 하지만 서울로 들어온 미군은 조선 인민 공화국을 인정하지 않았습니다. 미군은 조선 총독부를 대신해 군정을 실시한다고 선포하고, 조선 인민 공화국을 해체하라고 명령하였습니다. 결국 조선 인민 공화국의 힘은 약화되었고, 우리 민족의 자주 국가 수립의 꿈 또한 멀어졌습니다.

2

미국과 소련은 왜 한반도를 통치하였을까?

판사 미국과 소련의 한반도 통치에 대한 의견은 양측이 엇갈리고 있습니다. 이에 대해 더 자세하게 논의해 봅시다. 1945년 미군과 소련군이 한반도에 주둔한 후 상황이 어떻게 전개되었나요?

나동무 변호사 ▶1945년 12월에 미국, 영국, 소련의 3국 외상은 소련의 모스크바에 모여 한반도 처리 문제를 논의하였습니다. 제가 당시의 협정안을 읽어 드리겠습니다.

조선에 관한 모스크바 3국 외상 회의 협정안

1. 조선을 독립 국가로 재건설하며 조선을 민주주의적 원칙하에 발전시키는 조건을 조성하고, 가급적 속히 장구한 일본의 조선

통치의 참담한 결과를 청산하기 위하여 조선의 공업, 교통, 농업과 조선 인민의 민족 문화 발전에 필요한 모든 시설을 취할 임시 조선 민주주의 정부를 수립할 것이다.

2. 조선 임시 정부 구성을 원조할 목적으로 먼저 그 적절한 방안을 연구 조성하기 위하여 남조선 미합중국 점령군과 북조선 소연방 점령군 대표자들로 공동 위원회가 설치될 것이다. 그 의제 작성에 있어 공동 위원회는 조선의 민주주의 정당 및 사회단체와 협의하여야 한다. 그들이 작성한 제안은 공동 위원회 대표들의 정부가 최후 결정을 하기 전에 미국, 영국, 소련, 중국의 4국 정부에 참고로 제공하기 위하여 제출되어야 한다.

3. 조선 인민의 정치적·경제적·사회적 진보와 민주주의적 자치 발전과 독립 국가의 수립을 원조 협력할 방안을 작성함에는 또한 조선 임시 정부와 민주주의 단체의 참여하에서 공동 위원회가 수행하되, 공동 위원회의 제안은 최고 5년 기한으로 4개국 신탁 통치의 협약을 작성하기 위하여 미국, 영국, 소련, 중국 4국 정부가 공동 참작할 수 있도록 조선 임시 정부와 협의한 후 제출되어야 한다.

4. 남북 조선에 관련된 긴급한 문제를 고려하기 위하여, 또한 남조선 미합중국 관구와 북조선 소련 관구의 행정 경제 면의 항구적 균형을 수립하기 위하여 2주일 이내에 조선에 주둔하는 미소 양군 사령부 대표로써 회의를 소집할 것이다.

협정문을 읽어 보면 '빠른 시일 내에 한반도 임시 정부를 수립하는 것'이 주요 결정 사항임을 알 수 있습니다. 그리고 그를 위해 미소 공동 위원회를 설치하고 신탁 통치에 관해 협의한다는 내용이 들어 있어요. 그런데 국내에서는 '3상 회담의 결정=신탁 통치'라는 소문이 빠르게 돌기 시작했습니다.

東亞日報

蘇聯은 信託統治主張

蘇聯의 口實은 三八線分割占領

米國은 即時獨立主張

外相會議에 論議된

朝鮮獨立問題

朝鮮의 分占은 不當

1945년 12월 27일 자 『동아일보』에 실린 기사

판사 흠, 협정안과 비교했을 때 소문이 왜곡된 것 같은데요.

나동무 변호사 맞습니다. 『동아일보』가 모스크바 3상 회의 소식을 전하면서 의도적으로 오보 기사를 냈고, 사람들의 반탁 여론을 조장하였습니다. 이에 당시 신문을 읽었던 박종철 씨를 참고인으로 신청합니다.

판사 받아들입니다.

증인 박종철이 어색해하며 증인석에 올라 선서를 했다.

나동무 변호사 자기소개를 부탁드립니다.

박종철 나는 당시 서울에 살던 박종철이라고 합니다.

나동무 변호사가 신문을 들어 보이며 물었다.

교과서에는

▶ 1945년 12월 말 모스크바에서 개최된 미국, 영국, 소련 3국 외무 장관 회의에서 우리나라의 임시 민주 정부 수립과 이를 위한 미소 공동 위원회 설치, 최대 5년간의 신탁 통치가 결의되었습니다.

나동무 변호사 1945년 12월 27일 자 『동아일보』를 보신 적이 있습니까?

박종철 네. 그때 신문을 읽고 너무 충격을 받아서 지금도 기억이 납니다.

나동무 변호사 어떤 내용이 있었나요?

박종철 앞으로 우리나라를 신탁 통치할 것이라는 내용이었습니다. 그 기사를 읽고 저뿐만 아니라 모든 사람들이 분노했지요.

나동무 변호사　　신탁 통치가 무엇이기에 그랬나요?

박종철　　저는 배운 사람이 아니라 잘은 모르지만, 우리의 주권이 다른 나라에 넘어가 그들의 통치를 받는 것이라고 알고 있습니다. 일제에게서 해방된 지 얼마 되지도 않았는데 또다시 다른 나라의 지배를 받게 되었으니 얼마나 억울한 일입니까.

나동무 변호사　　당시 기사를 보면 아주 큰 오류가 있습니다. 기사에는 큰 글자로 "소련은 신탁 통치 주장, 소련의 구실은 38도선 분할 점령, 미국은 즉시 독립 주장"이라고 쓰여 있어요. 하지만 신탁 통치를 주장한 것은 소련이 아니라 미국이었습니다. 모스크바 3상 회의에서 미국은 장기간에 걸쳐 미국, 영국, 중국, 소련 4개국이 신탁 통치를 해야 한다고 주장하였습니다. 한반도 문제를 당사자의 처리에 맡기자고 주장한 것은 오히려 소련이었습니다. 그런데 미국은 소련이 신탁 통치를 주장한 것처럼 여론을 조장하여 민족을 속였습니다.

미국은 오래전부터 한반도의 신탁 통치를 주장했습니다. 미국의 생각은 카이로 선언에서도 찾을 수 있습니다. 카이로 선언에 따르면, 한반도를 '적당한 시기'에 자유롭게 독립시킨다는 내용이 담겨 있습니다. 이는 적당한 기간 동안 신탁 통치를 하겠다는 의미이지요.

판사　　알겠습니다. 모스크바 협정은 어떻게 매듭지어졌나요?

한반도 변호사　　그건 제가 말씀드리겠습니다. 모스크바 협정에서 미국과 소련의 생각은 달랐습니다. 결국 미국과 소련은 자신들의 주장을 조금씩 양보해 신탁 통치와 임시 정부 수립에 대한 협정안을 만들었지요. 미국은 임시 정부를 수립하더라도 미국이 소련에 비해

유리하다고 생각했습니다. 신탁 통치를 할 4개국 가운데 영국과 중국이 미국의 편이었기 때문입니다. 소련이 이러한 3대 1의 불리한 조건의 신탁 통치안을 받아들인 것은 한반도 내 좌익과 우익 세력 중에서 좌익이 절대적으로 우세하다고 판단했기 때문입니다. 이렇듯 미국과 소련은 순수한 마음으로 한반도의 독립과 임시 정부 수립을 도우려 한 것이 아닙니다. 양국 모두 자국의 이익을 도모하는 것이 목적이었어요.

나동무 변호사 이의 있습니다! 원고 측 변호인은 또다시 미국과 소련이 불순한 의도로 한반도를 점령했다고 말하고 있습니다. 하지만 소련은…….

판사 피고 측 변호인, 그 문제에 대한 판단은 판사인 제가 하도록 하겠습니다. 같은 내용에 반복해서 이의를 제기하지 않았으면 합니다.

나동무 변호사 알겠습니다. 판사님의 현명하신 판단을 믿겠습니다.

우익
오른쪽 날개라는 의미로, 보수적이거나 국수적인 경향을 띠는 것 또는 그런 단체를 가리키는 말로 사용됩니다.

좌익
왼쪽 날개라는 뜻으로, 급진적이거나 사회주의적·공산주의적인 경향 또는 그런 단체를 가리키는 말입니다.

판사 그래서 모스크바 협정에 대한 국내의 반응은 어떠했습니까?

한반도 변호사 처음에는 우익과 좌익 모두 신탁 통치에 반대했습니다. 그러나 얼마 후 좌익은 태도를 바꾸어 모스크바 회의 결정을 지지했습니다. 그 결과 ▶한반도 내 우익과 좌익 세력은 심각하게 대립, 분열되었습니다.

판사 알겠습니다. 이후 모스크바 협정에 따라 열리게 된 미소 공동 위원회 회의를 살펴보며 미국과 소련의 입장을 좀 더 자세히 알아봅시다. 피고 측 변호인부터 말씀하세요.

나동무 변호사 1946년 3월 20일 서울 덕수궁 석조전에서 미국과 소련 대표가 만나 미소 공동 위원회 회의를 열었습니다. 회담은 처음부터 삐거덕거렸지요. 임시 정부 수립을 위해 협의할 대상을 놓고 양측은 의견이 엇갈렸습

교과서에는

▶ 신탁 통치에 대해 좌익과 우익은 찬성과 반대로 나뉘어 대립하게 됩니다. 대한민국 임시 정부와 독립 촉성 중앙 협의회 등을 중심으로 한 우익 세력은 반탁을, 조선 공산당 등의 좌익 세력은 신탁 통치를 찬성하는 입장을 취했지요.

미소 공동 위원회 회의를 열었던 덕수궁 석조전

니다. 소련은 신탁 통치를 반대하는 세력은 협의 대상에서 제외시켜야 한다고 주장했습니다. 그건 당연한 의견이었죠. 하지만 미국은 신탁 통치에 반대하더라도 참여할 수 있다고 주장했습니다. 당시 신탁 통치 반대 운동을 주도한 것은 우익 세력이었습니다. 미국은 자신에게 협조적인 우익 세력을 끌어들이기 위해 이 같은 주장을 펼친 것입니다.

한반도 변호사 그것은 소련도 마찬가지입니다. 소련이 반탁 세력을 제외시키자고 한 것은 회담 결과를 소련에게 유리하게 만들기 위해서였습니다. 신탁 통치를 찬성한 것은 대부분 좌익 세력이었습니다. 좌익 세력 위주의 임시 정부가 수립된다면 당연히 소련에게 좋은 일이지 않겠습니까?

나동무 변호사 신탁 통치에 대해 논의하는데 신탁 통치를 반대하는 세력을 참여시키는 게 말이 됩니까? 소련은 당연한 주장을 펼친 것입니다.

한반도 변호사 미국도 소련도 결국 자국에게 유리한 세력을 더 많이 참여시키려 한 것일 뿐입니다.

판사 한반도 변호사, 나동무 변호사! 불필요한 언쟁은 삼가세요. 그래서 미소 공동 위원회 회의는 어떻게 되었습니까?

한반도 변호사 제가 말씀드리겠습니다. 미국과 소련 양측의 의견

국제 연합
유엔이라고도 해요. 제2차 세계 대전 후 국제 평화와 안전의 유지, 국제 우호 관계의 촉진, 경제적 · 사회적 · 문화적 · 인도적 문제에 관한 국제 협력을 달성하기 위한 국제 평화 기구로 1945년 10월 24일에 정식으로 창립하였습니다. 주요 기관으로 총회, 안전 보장 이사회, 신탁 통치 이사회, 경제 사회 이사회, 국제 사법 재판소, 사무국이 있으며 본부는 미국 뉴욕에 있습니다.

은 좀처럼 좁혀지지 않았어요. 그러다 '처음 반대했더라도 지금이라도 신탁 통치에 찬성하고 공동 위원회가 결정한 사항을 따른다면 협의 대상 자격을 부여한다는 것'에 타협하여, 4월 16일 '공동 성명 제5호'가 발표되었습니다. 이 선언에 따르겠다는 서명을 해야만 공동 위원회와 협의할 수 있다는 조건도 붙었지요. 이에 좌익 세력은 즉각 지지 의사를 밝혔습니다. 그러나 우익 세력은 반대했어요. 공동 성명 제5호가 신탁 통치를 전제로 하고 있었기 때문에 결코 서명할 수 없다는 것이었습니다.

협의 참가 대상에 대한 양측의 의견이 좁혀지지 않자 결국 5월 6일, 무기 휴회를 선언하며 제1차 미소 공동 위원회는 결렬되었습니다. 그 후 제2차 미소 공동 위원회가 열렸지만 이 역시 성과 없이 결렬되었고, 한반도 문제는 국제 연합으로 넘어가게 되었습니다.

판사 알겠습니다. 미소 공동 위원회 이후의 상황과 남북한 정부 수립 과정에 대해서는 내일 재판에서 살펴보도록 하고, 오늘 재판은 여기서 마치겠습니다. 모두 수고 많으셨습니다.

땅, 땅, 땅!

좌익과 우익이란?

좌익과 우익이라는 말이 정치적으로 쓰이기 시작한 것은 1789년 프랑스 혁명 때였습니다. 프랑스 혁명이 일어나고 국민 회의가 열렸는데, 의장석을 기준으로 왼쪽에는 혁명에 앞장선 자코뱅파가, 오른쪽에는 보수적인 지롱드파가 앉아 있었어요. 이때부터 급진적인 개혁을 주장하는 세력을 좌파(급진파), 보수적이거나 온건한 개혁을 주장하는 세력을 우파(온건파)라고 부르게 되었죠.

좌익과 우익은 고정된 대상이나 의미가 있는 것이 아닙니다. 어떤 시대에 어떤 대상이 어떤 내용으로 대립되느냐에 따라 의미가 상대적으로 결정되지요. 19~20세기를 예로 들면, 노동자 계급과 자본가 계급이 대립했기 때문에 좌익은 사회주의나 공산주의를 의미하고 우익은 반공주의, 국가주의 등을 의미했어요.

우리나라에 사회주의 사상이 본격적으로 전파된 것은 3 · 1 운동 이후였습니다. 러시아에서 사회주의 혁명이 성공하고 공산주의 정권이 수립되자 사회주의 사상이 한반도에도 들어왔어요. 일본에서 유학한 젊은 조선인 유학생과 지식인들 사이에서 사회주의 사상이 널리 받아들여졌지요.

좌익 사회주의자들은 소련의 지원을 받거나 중국의 사회주의자들과 함께 독립운동을 하였어요. 반면에 우익은 주로 외국에서 활동하며 독립운동에 앞장섰어요. 처음에는 좌우익이 함께 독립이라는 공동 목표를 위해 애썼지만, 점차 대립하게 되었습니다. 특히 신탁 통치에 대해 우익은 반대, 좌익은 찬성을 주장하면서 대립의 골은 더욱 깊어져 갔습니다.

휴정 인터뷰

다알지 기자

역사공화국을 떠들썩하게 만든 '6·25 전쟁 소송'의 첫 번째 재판이 지금 막 끝났습니다. 이번 재판은 이승만과 김일성이라는 두 이름만으로도 국민들에게 큰 화제가 되고 있습니다. 남한과 북한의 초대 지도자들의 대결! 과연 누구의 승리로 끝날까요? 첫날부터 법정의 열기가 후끈후끈합니다. 지금 법정 밖은 이승만 씨와 김일성 씨를 지지하는 사람들로 종이 한 장 낄 틈이 없습니다. "I love 이승만", "김일성 만세"가 적힌 플래카드가 눈에 띕니다. 저쪽에 한반도 깃발을 들고 통일을 외치는 사람들도 보입니다. 저 또한 역사공화국 시민의 한 사람으로서 이번 재판의 결과가 무엇이든 남북통일에 한 걸음 다가가는 계기가 되었으면 하는 바람입니다. 그럼 이쯤에서 한반도 변호사와 나동무 변호사를 만나 오늘 재판에 대해 들어 보겠습니다.

한반도 변호사

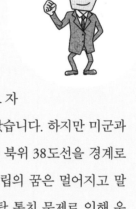

오늘 재판에서는 해방 후 한반도의 상황과 미국과 소련의 한반도 통치 목적에 대해 살펴보았습니다.

해방 후 한반도에서는 민족 스스로의 힘으로 자주 국가를 수립하려는 노력과 움직임이 일어났습니다. 하지만 미군과 소련군이 일본군을 몰아낸다는 명목으로 각각 북위 38도선을 경계로 하여 남쪽과 북쪽을 점령하면서 자주 국가 수립의 꿈은 멀어지고 말았습니다. 또한 모스크바 회담에서 거론된 신탁 통치 문제로 인해 우익과 좌익은 찬성과 반대 입장으로 나뉘어 대립하였습니다. 결국 미소 공동 위원회는 별다른 성과 없이 결렬되었고, 우익과 좌익의 대립의 골만 깊어졌습니다.

미국과 소련은 처음부터 '한민족'의 한반도에 관심이 없었습니다. 오로지 '미국'의 한반도, '소련'의 한반도만 추구했을 뿐이죠. 외세의 개입으로 인해 한반도는 우익과 좌익, 남과 북으로 갈라지고 있었던 것입니다.

나동무 변호사

36년 만에 찾아온 해방은 한민족에게 커다란 행복과 기대를 안겨 주었습니다. 이제 새 국가 건설을 위한 준비만 필요했지요. 하지만 수십 년 동안 일본 제국의 지배를 받아 온 한민족이 스스로의 힘으로 나라를 건설하는 것은 무척 어려운 일이었습니다. 이러한 상황에서 다른 나라의 도움을 받는 것은 극히 자연스러운 일이었지요.

소련은 북쪽 지역에 상륙하여 일본군들을 몰아내고 조선 인민이 새 국가를 건설할 수 있도록 지원을 아끼지 않았습니다. 소련군은 한반도를 도와주는 든든한 지원군이었어요. 하지만 미군은 반대였습니다. 맥아더 포고문에서 알 수 있듯이, 직접 통치를 통해 한반도를 미국의 손아귀에 넣으려고 했습니다. 신탁 통치 문제로 좌익과 우익이 갈린 것도 다 미국의 의도적인 계략에 의한 것이었습니다. 미국은 모스크바 3상 회의에서 미국과 소련이 주장한 내용을 반대로 알리면서 한민족의 반소 감정을 조성했습니다. 이는 좌익 세력의 힘을 약화시키려는 미국의 계산된 행동이었습니다.

UN

재판 둘째 날

남과 북은 왜 각각 단독 정부를 세웠을까?

1. 5·10 총선거와 대한민국 수립은 어떻게 진행되었을까?

2. 김일성은 어떻게 정권을 잡았을까?

교과연계

한국사

Ⅷ. 냉전 체제와 대한민국 정부의 수립

3. 대한민국 정부와 북한 정부가 수립되다

(1) 대한민국 정부를 수립하다

1

5·10 총선거와 대한민국 수립은 어떻게 진행되었을까?

판사 오늘도 많은 분이 재판에 관심을 가지고 참석하셨군요. 오늘은 6·25 전쟁이 일어나기 바로 전에 어떤 일이 있었는지 알아볼 예정입니다. 먼저 남한과 북한의 정부 수립 과정에 대해 알아보겠습니다. 어느 분이 먼저 하시겠습니까?

한반도 변호사 원고인 저희가 먼저 시작하겠습니다.

판사 좋습니다.

한반도 변호사 첫째 날에 살펴봤듯이 한반도의 상황은 매우 혼란스러웠습니다. 거기다 ▶미국과 소련의 대립이 심화되면서 그 영향이 한반도까지 미쳤지요. 당연히 시작부터 삐거덕대던 미소 공동 위원회는 원활하게 진행될 수 없었습니다. 결국 1947년 8월에 열린 제2차 미소 공동 위원회의 결렬은 미국의 한반도에 대한 정책 변화를 가져왔습니다. 한국에서 단독 정부를 세우는 일이 쉽지 않으리라는 생각을 갖게 된 미국은, 단일 국가 수립에서 남한의 단독 정부 수립으로 정책 방향을 바꾸었습니다. 이후 미국은 1947년 9월 17일에 한국 문제를 국제 연합에 이관하였지요. 1947년 10월 18일 미국이 휴회를 제의하면서, 미소 공동 위원회는 결말을 내리지 못한 채 끝났습니다.

판사 미국과 소련의 대립이 한국에 큰 영향을 끼친 것 같군요.

한반도 변호사 그렇습니다. 전쟁이 끝나고 한반도에 들어온 국가가 대립의 주체였던 미국과 소련이 아니었다면 남한과 북한으로 나뉘는 일은 없었을 것입니다.

어쨌든 한국 문제를 넘겨받은 국제 연합은 총회에서 미국의 제안을 받아들여, 인구 비례에 따른 남북한 총선거를 실시할 것을 결정했습니다.

판사 국제 연합에서는 남북한 총선거를 실시하라고 했군요.

나동무 변호사 존경하는 판사님, 여기서 한 가지 짚고 넘어가야 할 것이 있습니다.

판사 무엇인가요?

나동무 변호사 남북한 총선거 실시 요구는 미국의 일방적인 요구였습니다. 소련은 총회에서 분명히 반대 의사를 밝혔고요. 하지만 미국의 영향력으로 국제 연합에서 결국 남북한 총선거 실시가 통과된 것입니다.

교과서에는

▶ 1946년 5월 이후 휴회에 들어갔던 미소 공동 위원회는 1947년 5월 다시 개최되었습니다. 그러나 여전히 협의 대상 선정 문제로 미국과 소련이 대립하였지요. 미국은 미소 공동 위원회 참가 신청서를 제출한 정당과 사회단체 모두의 자격을 인정하자고 한 반면, 소련은 여전히 신탁 통치를 반대하는 정치 세력의 참가를 거부하였습니다.

인구 비례 대표제
정당의 총 득표 수의 비례에 따라서 당선자 수를 결정하는 선거 제도를 비례 대표제라고 합니다. 따라서 인구 비례 대표제는 인구수에 비례하게 당선자 수를 결정하는 것을 의미하지요.

판사 남북한 총선거는 단독 정부를 수립하기 위해 필요한 일 아닌가요? 무엇이 문제였나요?

나동무 변호사 1947년, 1948년 무렵에는, 남한과 북한이 같은 민족이기는 하지만 이미 이념 논쟁으로 서로 극한으로 대립하고 있었습니다. 그런 상황에서 **인구 비례 대표제** 총선거는 북한에게는 매우 불리한 선거였어요.

판사 인구 비례라면 요즘에도 지상에서 흔히 사용되는 정책인데 무엇이 문제인가요? 남한과 북한은 인구가 비슷하지 않았나요?

나동무 변호사 바로 그 점입니다. 남한 인구수가 북한의 배 정도 되었습니다. 그 정도라면 인구 비례 대표제로 총선거를 실시할 경우 대표자 수에서 북한이 불리할 것은 불 보듯 뻔하였지요. 북한의 동맹국이었던 소련이 북한 편을 들어 준 것은 당연한 일이었어요. 미국은 그런 차이를 알고 있었기 때문에 인구 비례 대표제 총선거를 주장했던 것이고요. 한반도에서 자신들의 영향력을 확대하기 위한 술책이었던 것입니다. 더구나 이 일은 국제 연합이 끼어들 문제가 아니었습니다.

판사 그것은 무슨 말인가요?

나동무 변호사 당시 패전국의 식민지인 한국에 관한 처리는 연합국이 담당한 일이었어요. 전쟁의 승리자인 연합국 대표들이 모여 모스크바 협정을 맺었는데, 그 건을 미국이 일방적으로 국제 연합에 상정했던 것입니다. ▶당시 소련은 모스크바 협정 이행이 불가능하다면 미소 양군이

교과서에는

▶ 미소 공동 위원회에서 의견이 모이지 않자 미국은 한국 문제를 국제 연합으로 이관하였습니다. 이에 소련은 한국 문제를 국제 연합에서 다룰 수 없다며 한국에서의 외국 군대 철수를 주장하였지요.

동시에 철수하자고 주장하였습니다. 하지만 미국은 이 의견을 무시하고 자신들의 결정을 밀어붙였던 거예요. 그것은 한반도에서 자신들의 영향력을 확대하기 위한 것이었습니다.

판사 원고 측 변호인은 할 말이 있나요?

한반도 변호사 연합국 대표들이 모스크바 협정을 맺어 한국에 대한 처리를 결정했던 것은 맞습니다. 하지만 주요 사항은 미소 공동위원회의 합의에 의해 결정되는데, 당시에는 합의점을 찾을 수 있는 상황이 아니었습니다. 각자 영향력 확대를 노리며 자신의 주장만 하고 있었지요. 미국과 소련 모두 자신들의 이익을 위해 움직였던 것입니다. 피고 측 변호인의 말처럼 소련이 한국을 생각해서 움직인 것은 아닙니다.

그나마 미국은 국제 연합에 상정해 총선거를 진행시키려 하였습니다. 하지만 소련은 자신들을 지지하는 세력이 정권을 잡게 하기 위해 시간을 끌고 있었던 것이죠. 미국의 제안에 대해 반대로 일관했던 것입니다. 남한에서 총선거가 실시되고 대한민국이 수립되고, 곧바로 북한에서 정부 수립 선포가 이루어진 것은 바로 이런 이유 때문이었습니다.

김일성이 정권을 잡은 것은 바로 소련의 계획에 따른 것입니다. 하지만 남한의 경우 간접 선거 방식이지만 총선거를 통해 대통령을 뽑았지요. 나동무 변호사의 주장은 소련의 일부 의견을 과장한 것입니다.

판사 양측 주장은 잘 들었습니다. 그럼 국제 연합에서 남북한 인구비례 대표제 총선거를 실시하라고 결정한 후에는 어떻게 되었나요?

한반도 변호사 국제 연합 총회의 결정에 따라 국제 연합 한국 임시위원단이 한국, 남한으로 파견되었습니다. 소련과 북한은 이들의 입국을 거부했고, 결국 국제 연합은 1948년 2월 소총회에서 선거가 가능한 남한에서만 선거를 실시하기로 결정했습니다.

판사 그렇게 해서 남한에 정부가 수립된 것이군요.

한반도 변호사 그렇습니다. 하지만 선거를 실시하기로 결정했다고 해서 모든 일이 끝난 것은 아니었습니다. 선거가 치러지기까지

많은 일이 벌어졌지요. 여기서부터는 저보다는 당시 상황을 명확하게 설명할 수 있는 원고의 진술을 듣는 것이 좋을 듯합니다.

판사 그렇게 하십시오.

대한민국 제1, 2, 3대 대통령 이승만

이승만이 천천히 자리에서 일어났다. 대한민국 첫 대통령으로 장기 집권을 위해 부정 선거를 하다 4·19 혁명으로 물러났던 이승만을 보고 사람들이 웅성대기 시작하였다.

판사 자! 조용히 하세요. 원고는 간단히 자기소개를 해 주세요.

이승만 난 일찍이 독립 협회에서 활동했고 이후 미국으로 가서 독립운동을 했어요. 광복 후엔 대한민국 대통령으로 선출되어 좀 오래 대통령을 했지요.

한반도 변호사 1948년 2월 국제 연합 소총회에서 남한만 선거를 실시하기로 결정한 뒤 벌어진 일에 대해서 설명해 주십시오.

이승만 그러지요.

여러분도 아시다시피 저는 당시 미소 공동 위원회가 파행으로 치달을 것을 이미 예상하고 있었습니다. 이념을 내세워 서로 대립하고 있던 두 나라가 한반도를 두고 자신들의 이익보다 한민족을 위해 결정을 내린다는 것은 누가 봐도 불가능한 일이었습니다. 그래서 ▶저도 보다 가능성이

교과서에는

▶ 남한 지역의 임시 정부 수립을 주장했던 이승만과 반공을 중시했던 한국 민주당 등은 총선거를 통한 남쪽 지역의 정부 수립에 적극적으로 참여하였습니다.

있는 남한 단독 정부 수립을 주장했던 것이죠.

방청객 사이에서 수군거리는 소리가 커져 갔고, 한반도 변호사는 편치 않은 표정이 되었다. 그러나 피고 측, 특히 김일성은 미소를 지으며 방청객들을 바라보았다.

판사 다들 조용히 하세요!

이승만 제 개인적인 의견에 반대하는 분도 계시겠지만, 이것이 진실입니다. 어쨌든 저와 생각이 다른 사람들이 남한만의 단독 선거에 반대하기 시작했습니다. 민주 국가에서 다양한 의견이 나오는 것은 자연스러운 일이지만, 당시의 혼란스러운 상황에서는 그 방법이 최선이었습니다.

판사 자신의 행동에 정당성을 부여하려는 건 이해하지만, 이 자리에서는 그런 주장보다는 당시 상황에 대한 자세한 이야기가 필요합니다. 남한의 단독 선거에 반대하는 세력이 많이 있었나요?

이승만 일단 소련에 우호적인 좌익 세력은 국제 연합 한국 임시 위원단의 입국과 단독 선거를 결사반대했습니다. 좌익 세력의 주장은 소련의 주장과 비슷했습니다. 미국과 소련 양국의 군사를 철수시킨 뒤 독립 국가를 건설하자고 했지요. 일부 노동자들은 통신망을 파괴하고 철도 운행을 중단하는 총파업을 벌이기도 했습니다.

한반도 변호사 여러 반대 운동이 전개되었군요.

이승만 네. 하지만 그런 일들이 시대의 흐름을 거스를 수는 없었습니다.

나동무 변호사 존경하는 판사님, 잠시 원고에게 묻고 싶은 것이 있습니다.

판사 허락합니다.

나동무 변호사 감사합니다.

원고는 ▶1948년 4월 3일에 제주도에서 일어난 일들을

교과서에는

▶ 5·10 총선거를 전후하여 총선거를 단독 정부 수립을 위한 단독 선거라고 비난하는 세력들이 봉기하는 일이 일어납니다. 대표적인 것으로 제주도의 4·3 사건을 들 수 있는데, 좌익 세력은 1948년 4월 3일 단독 선거 저지와 통일 국가 수립을 명분으로 무장봉기하였습니다.

알고 있나요?

이승만 네, 알고 있습니다.

나동무 변호사 남한에서 일어난 사건이니 저보다 원고가 그 일에 대해 더 잘 알고 있겠군요. 설명해 주실 수 있나요?

이승만 음…….

한반도 변호사 판사님, 이 부분은 원고와 직접적으로 연관이 없는 부분입니다. 제가 설명해도 될까요?

판사 그런가요? 왜 연관이 없다는 것이죠?

한반도 변호사 당시 사건은 원고와 직접적으로 관련되지 않습니다. 원고가 대통령에 당선되기 전의 일이니까요.

판사 그렇군요. 한반도 변호사가 설명해 주세요.

한반도 변호사 당시 1948년 4월 3일에 제주도에서 일어났던 제주도 4·3 사건은 다양한 사건들이 얽혀 있어서 한 문장으로 설명하기 어렵습니다. 다만 제가 아는 선에서 설명하겠습니다.

1948년 당시 제주도는 광복 이후 거주민이 일본인에서 제주도민으로 바뀌게 되면서 혼란스러웠다고 합니다. 뿐만 아니라 섬이라는 한계 때문에 생필품이 부족했고, 흉년, 전염병 창궐 등으로 주민들이 고통을 겪고 있었어요. 미군정하에서 군정 경찰로 변신한 일제 부역 경찰들은 부정행위를 일삼았고요. 더구나 ▸1947년 3월 1일에는 군정 경찰들이 시위 군중에게 발포하여 6명이 사망하는 사건도 발생했습니다.

교과서에는

▸ 1947년 제주도의 삼일절 기념 시위에서 경찰의 발포로 사상자가 발생하는 일이 발생합니다. 이에 주민들은 시위와 파업으로 항의했지만 미군정은 주모자들을 검거하여 주민들의 반감이 높아지게 됩니다.

판사 제주도 거주민들에게 굉장히 고통스러운 시기였

겠군요.

한반도 변호사 네, 그랬을 겁니다. 발포 사건으로 제주도 사람들과 경찰의 관계가 심각할 정도였죠. 그러자 **남로당** 제주도당이 조직적인 **반경(反警) 활동**을 전개하였고, 제주도 내 직장의 95% 이상이 경찰의 발포에 항의하여 '3·10 총파업'에 동참하였어요. 미군정은 제주도 좌익 세력들이 문제를 일으켰다고 생각해 사람들을 검거했는데, 이것이 상황을 더욱 심각하게 만들었습니다. 결국 1948년 4월 3일 새벽 2시에 350명의 무장대가 경찰서와 우익 단체들을 공격하였고, 이 무장봉기가 제주도 4·3 사건의 시작이었습니다. 사건을 주도한 세력들은 경찰과 우익 단체의 무자비한 탄압 중지와 남한 단독 정부 수립 반대 등을 외쳤어요. 당시 주한 미군 사령관 하지 중장은 경비대에 이들의 진압을 명령했습니다.

남로당
남조선노동당을 줄여서 부르는 말로, 1946년 11월 서울에서 결성된 공산주의 정당입니다.

반경 활동
경찰에 반대하여 맞서는 활동을 말합니다.

판사 사태가 급박하게 돌아갔군요.

한반도 변호사 당시 사건이 커진 데에는 1948년 5월 10일에 열릴 예정이었던 총선거도 한몫을 했습니다. 당시 미군정은 우리나라 최초의 보통 선거인 5·10 총선거를 성공적으로 마치려고 했습니다. 하지만 제주도에서 오점을 남겼죠. 전국에 200개의 선거구가 있었는데, 제주도의 2개 선거구에서 투표 과반수 미달로 무효 처리가 되었습니다. 국회의원이 200명이 아니라 198명이 되었던 것도 그래서였지요. 군정부에서는 곧바로 재선거를 실시하려 했지만 실패하고 말았어요.

판사 최초의 총선거에서 국회의원 수가 198명이었던 이유가 그거였군요.

한반도 변호사 그렇습니다. 제주도 사건이 진행되는 동안 남한에서는 독립 정부가 세워졌습니다. 7월 17일에 헌법을 제정해 공포하였고, 7월 20일에는 원내 선거로 ▶대통령 이승만과 부통령 이시영이 선출되었어요. 그리고 8월 15일에 하지 중장이 미군정의 폐지를 발표하면서 대한민국 정부 수립이 대외적으로 선포되었습니다. 이로써 남한에 대한민국 단독 정부가 들어서게 되었습니다.

한반도 변호사가 긴 이야기 끝에 잠시 숨을 고르며 방청객들을 바라보았다. 그때 나동무 변호사가 일어났다.

나동무 변호사 판사님, 단독 정부가 들어선 이야기까지 나왔는데, 여기서 원고에게 묻고 싶은 것이 있습니다.

판사 네, 질문하세요.

나동무 변호사 대한민국의 첫 대통령이 된 원고 이승만은 경찰로는 제주도 사건을 감당하기 힘들다고 판단해 전라남도 여수에 주둔하고 있던 군대를 제주도에 보내려고 했습니다. 그렇지 않나요?

이승만 맞습니다. 당시 북한에서도 정부 수립을 발표하면서, 제주도 문제가 단순한 지역 문제를 벗어났기 때문이지요.

교과서에는

▶ 대통령 이승만과 부통령 이시영을 선출하였습니다. 이승만 대통령은 국무총리 이범석으로 내각을 조직하고 8월 15일 미군정의 폐지와 함께 대한민국 정부 수립을 국내외에 선포하였지요.

나동무 변호사 자국민에게 군대를 보낼 만큼 큰 문제라는 건가요?

한반도 변호사 그 문제에 대해서는 제가 대답하겠습니다. 남한과 북한에 정부가 들어선 뒤에도 제주도 사건이 지속되면서 주동자들에 대한 인식이 달라질 수밖에 없었어요. 정부가 생기기 전에는 단순한 사건으로 볼 수 있었지만, 정부, 그것도 남한과 북한에 각각의 정부가 수립된 이후에는 현 정부에 대한 반대는 반란으로 볼

반란
정부나 지도자 따위에 반대하여 내란을 일으키는 것을 말합니다.

수밖에 없었던 겁니다.

나동무 변호사 당시 ▶파병하려던 여수 군인들이 출동을 거부하고 반란을 일으킨 것을 보면 이승만 정부에 문제가 있었던 것이 아닐까요? 더구나 5·10 선거는 좌익과 중도 세력, 남북 협상을 추진했던 세력들은 불참한 선거로 알고 있는데요. 선출 과정에서 이미 문제점이 보이는군요.

한반도 변호사 당시는 그렇게 단순하게 생각할 수 있는 상황이 아니었다고 봅니다. 이념 논쟁이 심각해지고 있었고, 정부가 세워졌다고는 해도 그 기간이 얼마 되지 않아 사람들도 정부에 대한 자각이 없었기 때문이지요. 이승만 정부의 문제라고 말하는 것은 성급한 판단이라고 생각됩니다. 더구나 선거는 국제 연합의 승인을 받아 정당한 절차에 따라 진행된 것입니다.

나동무 변호사 그렇게 생각할 수도 있겠군요. 하지만 11월 17일에 제주도에 계엄령이 선포되고 수많은 민간인이 학살된 것은 명백한 정부의 책임으로 보이는데요.

한반도 변호사 ▶▶일단 수많은 민간인이 학살된 것은 맞습니다. 사실 아직까지 정확한 피해자의 숫자도 파악하지 못하고 있지요. 수많은 사람이 게릴라 부대에 도움과 편의를 제공했다는 이유로 죽임을 당했습니다. 이념과 선택의 문제가 수많은 사람의 생명을 앗아 간 이 사건은 대한민국 현대사에서 매우 비극적인 일이었습니다. 하지만 이것을

교과서에는

▶ 1948년 8월 15일 대한민국 정부가 수립된 후에도 제주도의 좌익 무장 세력의 저항이 계속되자, 여수 지역에 주둔하고 있던 군부대를 제주 지역으로 출동시킵니다. 하지만 여수 지역 부대 내의 좌익 세력은 제주도 출동을 반대하고 무장봉기하였지요.

▶▶ 2000년 제주4·3사건진상규명및희생자명예회복위원회는 당시 사건을 1948년 남로당 제주도당 무장대가 봉기한 이래 1954년 한라산 금족 지역이 전면 개방될 때까지 제주도에서 발생한 무장대와 토벌대 간의 무력 충돌과 토벌대의 진압 과정에서 수많은 주민들이 희생된 사건이라고 정의하였습니다.

단순히 정부의 책임으로 보는 것은 다른 문제인 것 같습니다.

판사 어떻게 다르다는 것이죠?

한반도 변호사 남한과 북한에 각각 정부가 수립되었습니다. 이미 남한과 북한이 서로 적대적인 감정으로 맞서고 있는데, 좌익 세력이 제주도를 점령하고 있다고 한다면 정부로서는 그 상황에 과연 어떻게 대처해야 할까요? 그때는 지금처럼 손쉽게 정보를 얻을 수 있는 시기가 아니었습니다. 누가 누구인지 명확하게 구분하기조차 힘든 상황에서 반란군일지도 모르는 사람들을 진압하지 않을 수 없었습니다.

제주 4·3 사건 당시 강경 진압의 선봉에 섰던 2연대 장병들을 격려하는 이승만의 모습

나동무 변호사 그것은 억지 주장입니다. 당시 군인은 정확한 사실 확인조차 하지 않은 채 사람들을 학살했습니다. 그것은 누구나 인정하고 있는 사실입니다. 그런 상황을 이끌고 간 것은 당시 대통령이었던 이승만입니다. 설혹 아랫사람이 그런 판단을 내렸다고 해도, 나라를 책임지는 사람으로서 원고가 책임을 회피할 수는 없을 것입니다. 적절한 비유가 아닐 수 있지만, 친구를 보면 그 사람을 알 수 있다는 말이 있습니다. 원고 밑에서 그의 명령을 집행한 사람을 보면 바로 원고 이승만을 이해할 수 있지 않을까요? 제주도에서 일어난 사건을 보면 이승만 정부가 얼마나 호전적이고 전쟁을 일으킬 만한 존재인지 쉽게 깨달을 수 있습니다.

한반도 변호사 판사님, 피고 측 변호인은 원고와 관련이 있다는 이유로 상황을 너무 비약시키고 있습니다.

판사 인정합니다. 피고 측 변호인은 근거가 부족한 주장은 삼가 주세요.

나동무 변호사 알겠습니다.

나동무 변호사는 할 말은 다 했다는 듯이 웃음을 지으며 자리에 앉았다.

판사 남한 정부 수립 과정의 복잡함은 알겠습니다. 이제 신문이 끝난 건가요?

한반도 변호사 ▶사실 9월 13일에 미군정의 행정권이 이양되고, 12월 12일에 파리에서 열린 제3차 국제 연합 총회에서 대한민국 정부가 합법 정부로 승인받으면서, 남한 정부는 국제적으로 인정받는 정부가 되었습니다. 국제적으로 인정을 받지 못한 북한 정부와는 상황이 달랐지요.

판사 알겠습니다. 잠시 휴식을 취한 뒤 북한 정부의 수립 과정에 대해 살펴보겠습니다.

교과서에는

▶ 1948년 12월 파리에서 개최된 국제 연합 총회에서 대한민국이 한반도에서 유일한 합법 정부임을 절대 다수로 승인하였습니다.

2

김일성은 어떻게 정권을 잡았을까?

판사 그럼 북한의 정부 수립 과정에 대해 알아보겠습니다.

나동무 변호사 그것에 대해서는 제가 이야기하겠습니다.

판사 음. 증인으로 부를 사람이 없나요?

나동무 변호사 당시는 매우 혼란스러운 상황이었고, 전체 과정을 객관적으로 설명하기에는 증인보다는 제3자 입장에서 설명하는 것이 좋을 것 같습니다.

판사 그렇군요. 그럼 진행하세요.

나동무 변호사 감사합니다.

당시 국제 연합, 즉 미국의 주도하에 남한에 단독 정부가 수립되는 과정을 북한에서도 잘 인지하고 있었습니다. 그래서 북한에서는 1948년 4월과 6월 두 차례에 걸쳐 남북 정당과 사회단체들이 정부 수립에 대해 논의하는 회의가 열렸어요. 남한과는 다르게 북한에서는 남북한 통일 정부를 수립하기 위해 노력했던 것이죠.

한반도 변호사 판사님, 이의 있습니다. 피고 측 변호인은 이면에 숨은 이야기를 하지 않고 단지 겉으로 드러난 모습만을 가지고 주장하고 있습니다.

판사 진실이 감추어져 있다는 뜻인가요?

한반도 변호사 그렇습니다.

판사 어떤 점에서 그렇다는 건가요?

한반도 변호사 당시 북한에서 1948년 4월과 6월에 정부 수립에 대해 논의한 것은 맞습니다. 하지만 4월 회의에는 남한의 민족주의자들이 참가한 반면, 6월에는 민족주의자들은 빠지고 북한을 지지하는 정당이나 단체만 참가하였습니다. 실제로 1948년에 열린 두 차례의 회의는 북한에서 단독 정부를 수립하는 데 필요한 명분을 쌓기 위한 행사였을 뿐이지요.

나동무 변호사 남한의 대표들도 참석했는데 그게 어떻게 명분을 쌓기 위한 단순한 행사였단 말입니까?

판사 너무 간략하게 이야기가 진행되어서 상황을 파악하기가 힘들군요. 좀 더 자세한 설명이 필요합니다.

한반도 변호사 피고 측 변호인이 남한의 대표들도 참석했다고 하니 제가 좀 더 자세하게 설명하겠습니다.

판사 좋습니다.

한반도 변호사 당시 1948년 3월 국제 연합 소총회에서 남한만의 단독 선거를 결의했습니다. 물론 원고가 통일 정부를 수립하기 어렵다는 것을 알고 단독 정부를 수립하자고 주장했습니다만, 모두가 남한만의 단독 정부 수립을 주장했던 것은 아닙니다.

나동무 변호사 이의 있습니다. 원고 측 변호인은 은근슬쩍 자신들의 정당성을 알리고 있습니다. 불필요한 발언으로 배심원들을 혼란시키지 않도록 해 주십시오.

판사 인정합니다. 원고 측 변호인은 사건에 대한 객관적 사실만 말씀해 주세요. 재판의 진행과 관련이 없는 개인적 주장이나 의견은 삼가세요.

한반도 변호사 알겠습니다. 피고 측 변호인이 사사건건 말꼬리를 잡고 있지만, 너그러운 제가 이해해야겠죠.

나동무 변호사 판사님!

판사 원고 측 변호인의 지금 발언은 문제가 있습니다. 주의하세요.

한반도 변호사 네. 어쨌든 국제 연합 소총회의 결정이 있기 전부터 남북한 통일 정부 수립을 위한 정치 활동이 있었습니다. 그 대표적인 인물이 증인으로도 나왔던 김구와 민족 자주 연맹을 주도하던 김규식이었습니다. 그들은 국제 연합 한국 임시 위원단과 접촉하면서 국제 연합 감시하에 남북한 총선거를 실시하는 방안에 대해 고민하고 있었어요. 이들은 1948년 2월에 북한에 정치 협상을 제안하는 서신을 보냈습니다. 이에 북한은, 4월 초에 평양에서 남북의 주요 대표자들이 모여 통일과 민주주의 정부 수립에 관한 대책을 연구하자는 내용의 서신을 보내왔지요.

김일성, 김두봉이 김구, 김규식에게 보낸 1948년 3월 25일 자 서신(부분)

1. 해방된 지 2년 반이나 지나도록 우리가 남북으로 분열되어 완전한 통일 독립 국가가 되지 못한 것은 유감이다.

7. 우리의 일은 우리가 해결하려는 본지에서 남북 조선 소 범위의 지도자 연석회의를 1948년 4월 초에 평양에서 소집할 것에 동의한다.

8. 이 회의에 참가할 사람은 남조선에서 김구 · 김규식 · 조소앙 · 홍명희 · 백남운 · 김봉준 · 김일청 · 이극로 · 박헌영 · 허헌 · 김원봉 · 허성택 · 유영준 · 송을수 · 김창준, 북조선에서 김일성 · 김두봉 · 최용건 · 김달현 · 박정애 외 5명으로 하자.

9. 토의할 내용은, 조선의 정치 현상에 관한 의견 교환, 남조선 단독 정부 수립을 위한 반동 선거 실시에 관한 국제 연합 총회의 결정을 반대하며 투쟁할 대책 수립, 조선 통일과 민주주의 조선 정부 수립에 관한 대책 연구 등등.

만일 우리 양인이 동의할 때에는 1948년 3월 말일로 통지하기를 희망한다.

— 송남헌, 『해방 3년사』 II, 까치, 1985, 542쪽

이 서신을 받은 남한의 김구와 김규식은 남북한 회의를 통해 통일 정부를 수립할 수 있다고 생각하고 남한 단독 정부 수립에 적극 반대하였어요. 그리고 38도선을 넘어 평양으로 가서 회의에 참석하였

습니다.

▶그 당시 남한에서 가장 적극적으로 단독 정부 수립에 반대하며 통일 정부 수립을 위해 노력한 사람들이 바로 김구와 김규식입니다.

남한과 북한에서 각각 단독 정부 수립이 확정되기까지 이들은 다양한 방법으로 이를 저지하려 했습니다. 하지만 아쉽게도 당시의 상황과 이들의 노력을 기만하는 사람들로 인하여 노력은 결실을 맺지 못하였죠. 당시 김구의 연설문을 살펴보면 민족의 평화와 통일을 애타게 바라는 그의 마음을 알 수 있습니다.

교과서에는

▶ 통일 정부의 수립을 간절히 원한 김구와 김규식 등은 남한만의 선거를 반대하고 남북 협상을 추진하였습니다.

3000만 동포에게 읍고함(1948년 2월 10일)

친애하는 3000만 자매 형제여!

우리를 싸고 움직이는 국내외 정세는 위기에 임하였다. 제2차 대전에 있어서 동맹국은 민주와 평화와 자유를 위하여 천만의 생령을 희생하여서 최후의 승리를 전취하였다. 그러나 그 전쟁이 끝나자마자 이 세계는 다시 두 개로 갈리어졌다. 이로 인하여 제3차 전쟁은 시작되고 있다. (……)

현재 우리나라에 있어서도 남북에서 외부 세력에 아부하는 자만은 혹왈 남침 혹왈 북벌하면서 막연하게 전쟁을 숙망하고 있지마는 실지에 있어서는 아직 그 실현성도 없을 뿐만 아니라 전쟁이 발발된다 할지라도 그 결과는 세계의 평화를 파괴하는 동시에 동족의 피를 흘려서 적을 살릴 것밖에 아무것도 아니 될 것이다. 이로써 그들은 상전의 투지를 북돋울 것이요, 옛 상전의 귀여움을 다시 받을 수 있을 것이다. 그들은 전쟁이 난다 할지라도 저희들의 자질(子姪)만은 징병도 징용도 면제될 것으로 믿을 것이다. 왜 그러냐 하면 왜정하에서도 그들에게는 그러한 은전이 있었던 까닭이다. (……) 통일하면 살고 분열하면 죽는 것은 고금의 철칙이나, 자기의 생명을 연장하기 위하여 남북의 분열을 연장시키는 것은 전 민족을 사갱(死坑)에 넣는 극악 극흉의 위험한 일이다. (……) 우리는 첫째로 자주 독립 통일 정부를 수립할 것이며 먼저 남북 정치범을 동시 석방하여 미소 양군을 철퇴시키며 남북 지도자 회의를 소집할 것이니, 이와 같은 원칙은 우리 목적을 관철할 때까지 변치 못할 것이다. (……) 한국이 있어야 한국 사람이 있고 한국 사람이 있고야 민주주의도 공산주의도 무슨 단체도 있을 수 있는 것이다. (……)

마음속의 38도선이 무너지고야 땅 위의 38도선도 철폐될 수 있다. 내가 불초하나 일생을 독립운동에 희생하였다. 나의 나이가 이제 73인바 나에게 남은 것은 금일 금일 하는 여생이 있을 뿐이다. 이제 새삼스럽게 재물을 탐내며 명예를 탐낼 것이냐? 더구나 외국 군정하에 있는 정권을 탐낼 것이냐? 내가 대한민국 임시 정부를 주지하는 것도 일체가 다 조국의 독립과 민족의 해방을 위하는 것뿐이다. 이 육신을 조국이 수요한다면 당장에라도 제단에 바치겠다. 나는 통일된 조국을 건설하려다가 38도선을 베고 쓰러질지언정 일신에 구차한 안일을 취하여 단독 정부를 세우는 데는 협력하지 아니하겠다. 나는 내 생전에 38·이북에 가고 싶다. 그쪽 동포들도 제 집을 찾아가는 것을 보고서 죽고 싶다. (……)

3000만 자매 형제여! 붓이 이에 이르매 가슴이 억색하고 눈물이 앞을 가리어 말을 더 이루지 못하겠다. 바라건대 나의 애달픈 고충을 명찰하고 명일의 건전한 조국을 위하여 한 번 더 심사하라.

— 엄항섭, 『김구 주석 최근 언론집』, 1948, 8~17쪽

조국의 독립과
민족의 통일!
이것만을 위해
한평생을 바쳤소!

김규식은 독립운동가로 활약하다가 광복 후에 김구와 함께 신탁통치 반대 운동에 나섰습니다.

하지만 가슴 깊이 통일 정부 수립을 원했던 김구와 김규식의 마음을 북한은 희롱했습니다. 처음부터 통일 정부 수립은 마음에도 없으면서, 사람들의 관심을 돌리기 위해 그들을 이용했던 것이죠.

나동무 변호사 판사님, 원고 측 변호인은 명확하지 않은 사실을 주장하고 있습니다.

판사 일단 원고 측 변호인의 의견을 들어 보죠.

한반도 변호사 감사합니다. ▶그렇게 북한의 서신으로 시작되어 1948년 4월에 열린 회의는 남한과 북한을 통틀어 50여 개의 정당과 사회단체 대표 700여 명이 참가한 큰 회의였습니다. 이 회의에서는 남한만의 단독 선거 실시와 단독 정부 수립에 반대하고 미군과 소련군 동시 철수에 동의하는 등 겉으로 보기에는 큰 성과를 얻은 듯 보였습니다.

나동무 변호사 판사님, 여기서부터는 제가 설명해도 되겠습니까?

판사 한쪽만 발언하는 것은 좋지 않겠죠. 좋습니다. 발언하세요.

나동무 변호사 사실 4월 회의가 있은 뒤에 남한에서는 원고 측 이승만과 한민당 등 단독 정부 수립을 주장하는 세력들이 통일 정부 수립을 적극 반대했습니다. 원고 이승만은 북한에 간 김구, 김규식이 남한의 대표가 될 수 없다고 주장하면서, 평양에서는 자유로운 의사 발표가 불가능하기에 결국 북한에 이용될 뿐이라고 주장하였지요.

판사 사실인가요?

교과서에는

▶ 1948년 4월, 평양에서 열린 남북 협상 회의에 남북한의 정치 지도자들이 참석하여 통일 정부 수립 문제를 논의하였으나 성과를 거두지 못했습니다.

한반도 변호사 원고가 그런 주장을 한 것은 사실입니다. 하지만 결론을 보면 북한은 당시 1948년 4월에 열린 회의를 이용한 것이 명확합니다. 자신들은 통일 정부를 세우는 데 노력했다는 것을 보여 주기 위한 행동이었던 것이죠.

나동무 변호사 판사님, 원고 측 변호인은 명확하지 않은 자신의 주장을 내세우고 있습니다.

판사 양측 모두 조용히 하세요.

한반도 변호사 · 나동무 변호사 네, 판사님.

판사 당시 상황은 잘 알겠습니다. 남한과 북한에서 통일 정부를 세우기 위한 노력이 있었고 그것을 반대하는 움직임도 있었다는 것을요. 더구나 당시 상황을 보면 갑작스럽게 광복을 맞아 서로 다양한 의견을 제시한 것은 자연스러운 일 같습니다.

나동무 변호사 그렇습니다, 판사님.

판사 남한에 단독 정부가 들어선 뒤 북한에서는 어떤 일이 있었나요?

나동무 변호사 ▶북한에서는 1948년 8월 15일 남한에 단독 정부가 수립되는 것을 보고 통일 정부 수립이 어렵다고 판단하여 9월 9일 최고 인민 회의 대의원 선거를 거쳐 조선 민주주의 인민 공화국을 수립하였습니다. 수상에 피고인 김일성이 선출되었고, 곧바로 소련으로부터 정부 수립을 승인받았습니다.

한반도 변호사 하지만 국제 연합에서 정식 정부로 승인받

교과서에는

▶ 1948년 2월에는 조선 인민군이 세워지고, 1948년 8월 25일의 총선거로 구성된 최고 인민 회의에서 조선 민주주의 인민 공화국 헌법이 채택되었습니다. 이어 초대 수상인 김일성을 중심으로 내각이 구성되었지요. 그리하여 9월 9일 조선 민주주의 인민 공화국 정부 수립이 선포되었습니다.

지는 못했죠.

나동무 변호사 맞습니다. 하지만 이미 남한 단독 정부가 수립된 상황에서 북한이 정부를 세우고 국제 연합의 승인을 받는 것은 무리였죠.

판사 그렇군요. 정부 수립 이후에는 무슨 일이 있었나요?

나동무 변호사 1948년 남한과 북한에 각각 단독 정부가 수립된 이후, 소련군은 북한에 일부 군사 고문단만 남겨 둔 채 1948년 12월 26

일에 철수하였습니다. 남한에서도 1949년 6월 29일에 미군이 철수하였지요. 그 이후에는 각자 경제 개발과 일제 잔재 청산을 위해 노력했습니다.

고문단
전문적인 지식과 풍부한 경험을 가지고 자문에 응하여 의견을 제시하고 조언을 하는 사람들로 이루어진 단체를 말합니다.

판사 그렇군요. 지금까지 남한과 북한의 단독 정부 수립 과정에 대해 잘 들었습니다. 시간이 다 되었고 예정된 진술도 모두 마무리된 것 같으니 이것으로 오늘 재판을 끝내겠습니다.

땅, 땅, 땅!

열려라, 지식 창고

남북한의 헌법

1948년 8월 15일에 남한에서는 대한민국 정부가 수립되었습니다. 그리고 1948년 9월 9일에는 북한에 조선 민주주의 인민 공화국이 수립되었죠. 한반도에 두 개의 정부가 들어선 것입니다. 두 개의 정부는 각각 헌법을 제정 반포하였는데요, 남한과 북한의 헌법을 살펴보면 두 정부의 차이점을 보다 쉽게 살펴볼 수 있습니다. 다만 법이 실제로 지켜지는지에 대해서는 차이가 있으니 그 부분을 고려해야 합니다.

대한민국 헌법

유구한 역사와 전통에 빛나는 우리들 대한국민은 기미 삼일 운동으로 대한민국을 건립하여 세계에 선포한 위대한 독립정신을 계승하여 이제 민주 독립 국가를 재건함에 있어서 정의, 인도와 동포애로써 민족의 단결을 공고히 하며 모든 사회적 폐습을 타파하고 민주주의제 제도를 수립하여 정치, 경제, 사회, 문화의 모든 영역에 있어서 각 인의 기회를 균등히 하고 능력을 최고도로 발휘케 하며 각 인의 책임과 의무를 완수케 하여 안으로는 국민 생활의 균등한 향상을 기하고 밖으로는 항구적인 국제 평화의 유지에 노력하여 우리들과 우리들의 자손의 안전과 자유와 행복을 영원히 확보할 것을 결의하고 우리들의 정당 또 자유로이 선거된 대표로서 구성된 국회에서 단기 4281년 7월 12일 이 헌법을 제정한다.

제1장 총강

제1조 대한민국은 민주공화국이다.

제2조 대한민국의 주권은 국민에게 있고 모든 권력은 국민으로부터 나온다.

제3조 대한민국의 국민 되는 요건은 법률로써 정한다.

제4조 대한민국의 영토는 한반도와 그 부속 도서로 한다.

제5조 대한민국은 정치, 경제, 사회, 문화의 모든 영역에 있어서 각 인의 자유, 평등과 창의를 존중하고 보장하며 공공복리의 향상을 위하여 이를 보호하고 조정하는 의무를 진다.

제6조 대한민국은 모든 침략적인 전쟁을 부인한다. 국군은 국토 방위의 신성한 의무를 수행함을 사명으로 한다.

제7조 비준 공포된 국제 조약과 일반적으로 승인된 국제 법규는 국내법과 동일한 효력을 가진다.

외국인의 법적 지위는 국제법과 국제 조약의 범위 내에서 보장된다.

(……)

조선 민주주의 인민 공화국 헌법

제1조 우리나라는 조선 민주주의 인민 공화국이다.

제2조 조선 민주주의 인민 공화국의 주권은 인민에게 있다. 주권은 인민의 최고 주권 기관인 최고인민회의가 지방 주권 기관인 인민 위원회를 근거로 하여 행사한다.

제3조 주권의 일체 대표 기관은 리(里) 인민 위원회로부터 최고인민회의에 이르기까지 인민의 자유의사에 의하여 선거한다. 주권 기관의 선거는

조선 민주주의 인민 공화국 공민이 일반적, 평등적, 직접적 선거 원칙에 의하여 비밀 투표로 실시한다.

제4조　일체 주권 기관의 대의원은 선거자 앞에서 자기 사업 활동에 대하여 책임을 진다. 선거자는 자기가 선거한 대의원이 그 신임을 상실한 경우에는 임기 전에 소환할 수 있다.

제5조　조선 민주주의 인민 공화국의 생산 수단은 국가 협동 단체 또는 개인 자연인이나 개인 법인의 소유다. 광산 기타 지하 부원, 산림, 하해(河海), 주요 기업, 은행, 철도, 수운, 항공, 체신 기관, 수도, 자연력 및 전 일본 국가, 일본인 또는 친일 분자의 일체 소유는 국가의 소유다. 대외 무역은 국가 또는 국가의 감독 밑에서 수행한다.

제6조　전 일본 국가와 일본인의 소유 토지 및 조선인 지주의 소유 토지는 몰수한다. 소작 제도는 영원히 폐지한다. 토지는 자기의 노력으로 경작하는 자만이 가질 수 있다.

(……)

다알지 기자

안녕하세요. 저는 오늘도 여러분의 궁금함을 풀어 드리기 위해 힘차게 뛰어 법정에 도착했습니다. 헤헤, 좀 힘이 드네요.

오늘은 원고 이승만과 피고 김일성의 재판 둘째 날로, 6·25 전쟁 직전에 남한과 북한에 어떻게 단독 정부가 수립되었는지 그 과정을 살펴보았습니다. 오늘도 원고 측 한반도 변호사와 피고 측 나동무 변호사 사이에 불꽃 튀는 변론이 있었는데요. 하지만 첫째 날에 비해 사실 관계가 명확한 탓인지 비교적 차분하게 재판이 진행된 것 같습니다. 남한과 북한이 어떤 과정을 거쳐 단독 정부가 수립되었는지를 알 수 있는 귀중한 시간이었고요, 이제 재판의 결과가 궁금해지는데요. 먼저 양측 변호사를 만나 이야기를 들어 보겠습니다.

한반도 변호사

오늘은 당시의 시대 상황에 대해 살펴봤습니다. 원고 측이 재판에서 승리하는 데 매우 중요한 내용이지요. 당시 시대 상황을 모른 채 전쟁에 대한 이야기를 듣는다면 이는 다만 우리나라의 참혹한 비극이 될 뿐입니다. 하지만 당시 상황을 알면서 각 인물의 행동을 살펴본다면 그 이면의 의미를 이해할 수도 있겠지요. 원고 이승만이 남한 단독 정부 수립을 주장한 이유도 오늘 재판을 지켜본 사람이라면 잘 납득할 수 있을 것입니다.

남한 정부가 단독 정부를 수립한 것은 북한이 먼저 국제 연합의 결정을 거부했기 때문입니다. 북한의 거부로 총선거가 불가능해지자 국제 연합에서는 결국 1948년 2월 남한만의 선거를 결정했던 것이죠. 그 결정에 따라 5월 10일 총선거가 실시되었고, 드디어 8월 15일 대한민국 정부 수립이 선포되었습니다. 더구나 12월 12일 파리에서 열린 제3차 국제 연합 총회에서 대한민국 정부는 합법 정부로 승인받았습니다. 남한은 북한과는 달리 국제적으로 인정받는 정부가 되었지요.

나동무 변호사

북한은 끝까지 한반도에 통일 정부를 세우는 것에 희망을 걸고 있었습니다. 하지만 1948년 8월 15일 남한에 단독 정부가 수립되는 것을 보고는 통일 정부를 수립하기 어렵다는 것을 깨달았습니다. 그래서 피고 김일성은 1948년 9월 9일 최고 인민 회의 대의원 선거를 거쳐 조선 민주주의 인민 공화국 수립을 선포하게 된 것입니다.

조선 민주주의 인민 공화국은 국제 연합의 승인은 받지 못했지만 소련 정부에서 정부 수립을 승인받았습니다. 제2차 세계 대전 이후 한반도의 운명은 국제 연합이 아닌 소련과 미국의 결정에 따르게 되어 있었어요. 그런데 북한이 국제 연합의 승인을 받을 필요가 있겠어요? 더구나 북한에서는 남한보다 앞서 1948년 12월 16일에 일부 군사 고문단만 남긴 채 소련군이 철수했어요. 남한은 그보다 반년이나 늦게 미군이 철수했지요. 이것만 보더라도 누구의 의도가 한반도에 더 좋은 영향을 끼칠지 알 수 있지 않을까요?

역사 유물 돋보기

6·25 전쟁 당시의 물건들

정전 협정서

교전 중에 있는 양방이 서로 합의하여 일시적으로 전투를 중단하는 것을 '정전'이라고 합니다. 사진 속의 유물은 정전을 협의한 문서, 즉 '정전 협정서'이지요. "정전 협정의 일체 규정은 1953년 7월 27일 22시부터 효력을 발생한다"는 내용을 담고 있으며, 6·25 전쟁 즉 한국 전쟁을 끝내기 위해 작성한 서류입니다. 1953년 7월 27일 10시 한국의 판문점에서 작성되었지요.

철책

철책은 쇠로 만든 울타리입니다. 6·25 전쟁 후 남한과 북한 사이에는 긴 철책이 가로놓였습니다. 이 철책을 경계로 하여 총부리를 겨누고 있는 것이 지금의 현실입니다. 사진 속의 유물은 2010년 동부 전선에서 철거된 비무장 지대의 철책입니다.

비무장 지대 출입 금지 표지판

'비무장 지대'란 조약이나 협정에 따라 무장이 금지된 지역을 말합니다. 영어로는 'demilitarized zone'이라고 해서 DMZ라고도 부르지요. 이 지역에서는 군대가 있는 것도, 무기를 두는 것도, 군사 시설을 세우는 것도 금지되어 있습니다. 우리나라의 비무장 지대는 6·25 전쟁 이후 만들어진 것으로 남북으로 각각 2킬로미터씩 총 4킬로미터의 폭으로 이루어져 있지요. 비무장 지대는 사람의 출입이 없어서 자연 상태가 잘 보존되어 있기도 합니다.

확성기와 문자 전광판

2004년 6월 남북 장성급 회담에서 철거하기로 합의하고 철거된 대북 심리전 확성기 및 문자 전광판 사진입니다. 화력이나 실질적인 군사력을 사용하는 전쟁 말고 상대국 군인이나 국민에게 심리적인 자극과 압력을 주어 자기 나라에게 유리하도록 이끄는 전쟁을 '심리전'이라고 합니다. 대북 심리전이란 북한에 대한 심리전을 말하지요. 확성기를 통해 우리나라의 좋은 점에 대해 방송하고, 문자 전광판을 이용해 글로도 선전하는 것이지요.

삐라

'삐라'란 선전이나 광고 또는 선동하는 글이 담긴 종이를 가리키는 말인 전단이 잘못 쓰인 말입니다. 심리전의 일종으로 6·25 전쟁 때부터 남북한 및 국제 연합군이 다양한 삐라들을 뿌렸습니다. 북한에서는 남한을 비방하는 내용을, 남한에서는 그와 반대되는 내용을 담았지요.

출처: DMZ 박물관(www.dmzmuseum.com)

UN
쾅쾅
휴전

재판 셋째 날

민족상잔의 비극은 어떻게 일어났을까?

1. 1950년 6월 25일, 무슨 일이 일어났을까?
2. 전쟁은 어떻게 진행되었을까?

교과연계

한국사
Ⅷ. 냉전 체제와 대한민국 정부의 수립
4. 6·25 전쟁과 전후 정치·경제의 변화
(1) 6·25 전쟁이 발발하다

1

1950년 6월 25일, 무슨 일이 일어났을까?

드디어 재판 셋째 날이 밝았다. 판결이 이루어지는 날이라 그동안 관심을 가지고 지켜보던 사람들이 방청석을 가득 채웠다. 한국사법정의 재판 가운데 가장 다양한 사람이 등장한 데다 이 일이 오늘날의 분단 현실로 고스란히 이어지고 있는 만큼, 과연 어떤 결론이 날지 관심이 가지 않을 수 없기 때문이다.

사람들이 웅성거리는 동안 판사와 변호사가 들어와 자리를 잡았다. 소란하던 방청석이 재판의 전개를 기대하며 차츰 조용해졌다.

판사 드디어 마지막 재판입니다. 오늘은 6·25 전쟁이 어떻게 시작되고 진행되었는지, 재판의 핵심 쟁점을 알아보도록 하겠습니다. 원고 측 변호인이 먼저 진술하세요.

한반도 변호사 6·25 전쟁이 일어나기 전의 과정은 더 이상 설명이 필요 없을 것 같습니다. 남한에서 좌우익의 대립이 계속되고 제주 4·3 사건, 여수·순천 10·19 사건 등이 벌어져 혼란스러울 때, 가증스러운 북한은 전쟁 준비를 하고 있었습니다.

미국의 정치가 딘 애치슨

1949년 6월에 미군이 군사 고문단만 남겨 놓고 남한에서 철수하였습니다. ▸1950년 1월에는 미국 국무 장관 애치슨이 한반도와 타이완을 미국의 태평양 지역 방위선 외곽에 위치시킨다고 발표하였습니다. 일명 '애치슨 라인'이라고 불리는 이 발언으로, 북한은 전쟁이 일어나도 미국이 참전하지 않을 것이라고 확신하였지요.

나동무 변호사 판사님, 지금 한반도 변호사는 명확하지 않은 근거를 가지고 북한이 전쟁 준비를 했다고 주장하고 있습니다.

판사 인정합니다. 원고 측 변호인은 그에 대한 명확한 증거가 있나요?

한반도 변호사 그에 대한 근거는 잠시 후에 이야기하고요, 먼저 미군 철수, 애치슨 발표에 대해 말씀드릴 필요가 있습니다.

판사 그 애치슨 발표는 어떤 내용이었나요? 그렇게 중요한 건가요?

한반도 변호사 네, 전쟁 발발에 중요한 역할을 했습니다.

교과서에는

▸ 미군이 철수한 이듬해인 1950년 한국 정부는 미국과 상호 방위 원조 협정을 맺습니다. 이것에 앞서 미국 국무 장관인 애치슨은 태평양 지역 방위선을 발표했는데, 한국은 미국의 방위선에서 제외되었지요. 즉 한국이 공격을 받는다면 한국인 스스로 방어해야 한다는 뜻이었습니다.

미국 국무 장관 애치슨 기자 회견
한반도는 미국 방위선 밖의 나라요!
펑
펑
남한의 일에는 더 이상 간섭하지 않겠다는 뜻인가요?
애치슨 라인!

1950년 1월 12일에 애치슨은 미국 신문 기자 협회에서 이렇게 이야기했습니다. "미국의 극동에 있어서의 '방위선'은 알류샨 열도로부터 일본, 오키나와를 거쳐 필리핀을 통과한다. 방위선 밖의 국가가 제3국의 침략을 받는다면, 침략받은 국가는 그 국가 자체의 방위력과 국제 연합 헌장의 발동으로 침략에 대항해야 한다."

옹진 반도
황해도 서남쪽 황해 쪽으로 튀어나온 반도를 가리킵니다.

이 발언의 내용을 보면 남한은 방위선 밖의 국가로 생각됩니다. 따라서 남한에서 전쟁이 일어났을 때 미국이 참전하지 않는다고 생각할 수 있지요. 물론 국제 연합 헌장이 발동되면 참전하겠지만, 쉽지 않은 일이겠지요.

판사 계속하세요.

한반도 변호사 그런 상황에서 이미 전쟁을 준비하고 있던 북한은 1950년 6월 25일 새벽에 서해안 옹진 반도 지역의 공격을 시작으로, 탱크와 비행기를 앞세워 전면적인 공격을 해 왔습니다. 더구나 선전 포고도 없이 새벽에 공격해 와서, 대응할 태세도 갖추지 못했던 남한 측은 눈물을 머금고 후퇴할 수밖에 없었지요.

나동무 변호사 판사님, 한반도 변호사는 명확한 증거는 제시하지 않은 채 일방적인 주장을 하고 있습니다.

판사 인정합니다. 원고 측 변호인은 증인이나 증거를 제시해 주세요.

한반도 변호사 알겠습니다. 그럼 먼저 피고 김일성을 신문하도록 허락해 주십시오.

지루하다는 표정으로 재판 과정을 지켜보던 김일성은 갑작스런 요청에 놀라면서 자리에서 일어났다.

판사 피고는 먼저 자기소개를 하고 신문에 답해 주세요.

김일성 나는 평안도에서 태어나 소련에서 훈련받고 장교가 되어 해방을 맞은 조국으로 돌아왔어요. 북한에서 공산주의 국가를 건설하고, 평생 주석으로서 나라의 발전을 위해 몸 바쳤지요.

한반도 변호사 그럼 바로 본론으로 들어가겠습니다. 남한에서는 피고가 전쟁을 일으킨 주범이라고 생각합니다. 그에 대해 피고는 어떻게 생각합니까?

김일성 내가 몹시 통일을 원하기는 했지만 그렇다고 전쟁을 일으키지는 않았습니다. 다만 우리 국토를 집어삼키려는 미국의 음모를 막기 위해 군사 물자를 준비하고 있었을 뿐이지요.

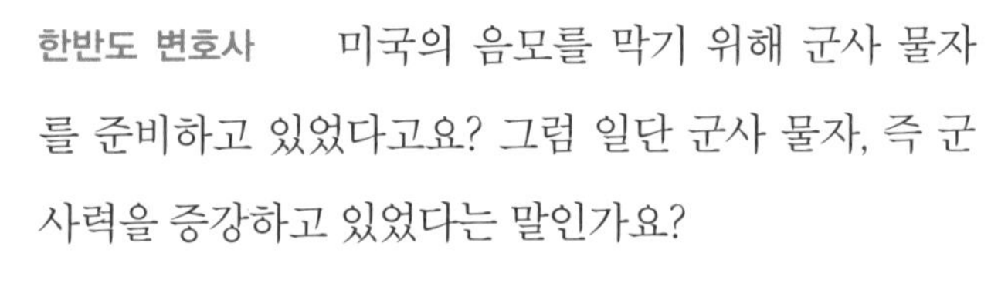

한반도 변호사 미국의 음모를 막기 위해 군사 물자를 준비하고 있었다고요? 그럼 일단 군사 물자, 즉 군사력을 증강하고 있었다는 말인가요?

조선 민주주의 인민 공화국의 제1, 2, 3, 4, 5대 국가 주석 김일성

김일성은 약간 당황한 표정을 지었지만, 곧 담담한 표정으로 돌아왔다.

김일성 맞습니다. 미국이 군사력을 동원해 한반도를 차지할 위험이 있었기 때문에 군사력을 증강해야 했습니다.

한반도 변호사　　애치슨 발표를 보면 한반도는 이미 미군의 방위선 밖에 위치한 만큼 미국에 점령될 염려는 없었다고 보이는데요.

김일성　　그건 미국의 음모였을 뿐입니다. 미국은 자신들이 남한에서 손을 떼었다는 것을 보여 주다가 남한의 경제력이 무너질 때 다시 이를 차지할 생각을 가지고 있었습니다.

한반도 변호사　　그에 대한 증거를 가지고 있나요?

김일성　　그건 당시의 상황을 보면 알 수 있습니다.

한반도 변호사　　그럼 당시의 상황을 알아보아야겠군요. 6월 25일 당시 피고가 했던 행동을 소상히 이야기해 주시겠습니까?

김일성　　1950년 6월 25일, 정확하게는 6월 24일 밤에 저는 평소와 다름없이 잠이 들었습니다. 그런데 새벽에 갑자기 남한이 공격해 왔다는 말을 듣고 전군에게 강력하게 반격하라고 명령했습니다.

이승만　　저 뻔뻔한 놈! 어디서 거짓말을 하는 것이냐!

김일성의 발언이 있자 방청석에 있던 남한 측 사람들이 그를 욕하기 시작했다. 북한 측 사람들이 이에 대거리하니 법정이 시끌시끌해졌다.

판사　　모두 조용히 하세요. 계속 떠든다면 모두 법정 모독죄로 벌금형에 처하겠습니다.

판사의 호통에 어수선하던 법정이 곧 조용해졌다.

한반도 변호사 신성한 법정에서 거짓을 말한다면 그에 따른 처벌을 피할 수 없을 것입니다.

김일성 알고 있습니다.

한반도 변호사 피고는 남한이 먼저 공격해 왔다는 말을 듣고 전군에게 강력하게 반격하라고 명령했다고 했는데, 어째서 그런 판단을 내린 건가요?

김일성　　나는 이미 미군이 군사력을 동원해 북한을 공격할 거라고 예상하고 있었습니다. 그런 상황에서 남한이 강력하게 공격해 왔으니 당연히 그런 상황이라 판단해 반격 명령을 내린 것입니다.

한반도 변호사　　좋습니다. 그런데 피고는 6월 26일 8시에 국민을 향해 방송을 했죠. 그 내용을 기억합니까?

김일성　　하도 오래전 일이라 기억하지 못합니다.

한반도 변호사　　저도 그러리라 생각해서 여기 전문을 가져왔습니다. 시간 관계상 중요한 부분만 읽겠습니다.

"매국 역적 이승만 괴뢰 정부의 군대는 6월 25일 38도선 전역에 걸쳐 공화국 북반부 지역에 대한 전면적 진공을 개시하였습니다. 용감한 공화국 경비대는 적들의 침공에 항거하여 가열한 전투를 전개하면서 이승만 군대의 진공을 좌절시켰습니다.

조선 민주주의 인민 공화국 정부는 조성된 정세를 토의하고 우리 인민 군대에게 결정적인 반공 격전을 개시하여 적의 무장력을 소탕하라는 명령을 내리었습니다. 인민 군대는 공화국 정부의 명령에 의하여 적들을 38도선 이북 지역에서 격퇴하고 38도선 이남 지역으로 10~15킬로미터까지 전진하였습니다. 인민 군대는 옹진, 개성, 배천 등 여러 도시와 많은 부락을 해방하였습니다."

이 내용이 맞습니까?

김일성　　맞는 것 같습니다.

한반도 변호사　　맞다는 것이 확실합니까?

김일성　　맞습니다.

괴뢰
남이 부추기는 대로 따라 움직이는 사람을 비유적으로 이르는 말로, 꼭두각시, 허수아비 등과 비슷한 말입니다.

한반도 변호사 그런데 이 내용에서 이상한 점이 있지 않나요? 피고는 분명 남한의 갑작스런 공격을 받았다고 했습니다. 그런데 26일 8시, 연설을 준비한 시간을 생각하면 새벽에는 이 연설문의 원고가 나왔겠죠. 피고의 주장에 따르면, 남한이 갑작스레 공격하였고 그로부터 하루밖에 되지 않아 북한군이 벌써 38도선 이남으로 진격해서 옹진, 개성, 배천 등 도시와 부락을 해방하였다는 거로군요. 갑작스럽게 공격받은 것 치고는 대응이 너무 신속하지 않나요?

김일성 음, 그거야…….

나동무 변호사 판사님, 이 부분에 대해서는 제가 변론하겠습니다.

판사 그렇게 하십시오.

나동무 변호사 원고 측 변호인은 먼저 당시 상황을 알아야 할 듯합니다.

한반도 변호사 무슨 상황을 말하는 것입니까?

나동무 변호사 당시 1950년 6월 25일을 기점으로 전쟁이 시작된 것은 맞지만, ▸전쟁이라 부를 정도의 전투가 이미 38도선 부근에서 벌어지고 있었다는 점입니다. 당시 이승만은 북한 동포들을 공산 괴뢰의 폭정에서 해방시켜야 한다고 주장하면서 무력 통일도 주장하고 있었어요. 피고는 이런 이승만에 맞서 남한 동포들을 미 제국주의와 친일 민족 반역자들의 지배에서 해방시켜야 한다고 주장했지요. 이미 서로 적대하는 감정은 최고조에 달해 있었습니다. 그렇지 않습니까?

교과서에는

▸ 남한은 북진 통일, 북한은 적화 통일을 내세우며 서로 대립하고 있었습니다. 38도선 부근에서는 잦은 무력 충돌이 일어날 수밖에 없었지요.

나동무 변호사는 원고 이승만을 날카롭게 쏘아보며 대답을 요구했다. 하지만 이승만은 아무 말 하지 않고 눈을 감고 있었다.

한반도 변호사 당시 38도선 부근에서 전투가 벌어지곤 했다는 사실은 알고 있습니다. 하지만 그게 남한이 먼저 공격했다는 증거가 되나요?

나동무 변호사 그럼 원고 측 변호인은 그렇지 않다는 증거가 있나요?

한반도 변호사 뭐, 생각했던 대로 진행되는 것 같습니다. 존경하는 판사님, 새로운 증인을 요청합니다. 북한이 남한 침공을 결정하는 데 결정적인 역할을 한 소련의 스탈린인데요. 피고 측 증인으로 나와 계신 걸로 알고 있습니다.

판사 좋습니다. 피고는 자리로 돌아가세요.

인자하게 보이려고 입가에 웃음을 머금은 스탈린이 방청객을 둘러보면서 천천히 증인석으로 갔다. 그는 김일성과 눈이 마주치자 친근하게 손을 흔들었다.

스탈린이 증인 선서를 한 뒤 증인석에 앉았다.

소련의 정치가 이오시프 스탈린

한반도 변호사 간단하게 자기소개를 해 주세요.

스탈린 나는 1922년부터 소련 공산당 서기장을 지냈고 1941년부터 1953년까지 소련 국가평의회 주석을 지냈습니다. 소련의 강력한 지도자로서 한 점 부끄럼 없는 생을 보냈지요.

한반도 변호사 아, 그러시군요. 알겠습니다. 그럼 먼저 이 서류를 확인해 주시겠습니까?

한반도 변호사는 뭔가가 적힌 서류 한 장을 스탈린에게 내밀었다. 판사에게도 사본 한 부를 제출했다. 서류를 확인하던 스탈린이 당황한 기색으로 잠시 김일성을 보고는 눈을 감았다. 그 모습을 본 김일성과 나동무 변호사도 편치 않은 기색이었다.

한반도 변호사 이 자료에 적힌 내용이 사실입니까?

스탈린 음. 하도 오래전 일이라 잘 기억나지 않습니다.

한반도 변호사 그럴 리가요? 다시 한 번 자세히 살펴 주시죠. 궁금하신 분들을 위해 제가 소리 내어 읽어 드리겠습니다.

김일성의 소련 방문 건

스탈린 동지는 김일성에게 국제 환경과 국내 상황이 모두 조선 통일을 위해 더욱 적극적인 행동을 취할 수 있도록 바뀌었다고 강조하였다. 국제적 여건으로는 중국 공산당이 국민당에 대해 승리를 거둔 덕분에 조선에서 행동을 개시하기에 유리한 환경이 만들어졌다는 점이다. 중국은 이제 필요하다면 무리 없이 자기 군대를 조선에 투입할 수 있다.

이제 중국이 소련과 동맹 조약을 체결하였기 때문에 미국은 아시아 공산 세력에 대한 도전을 더 망설일 것이다. 정보에 의하면 미국 내에서도 다른 나라 일에 개입하지 말자는 분위기가 주조를 이루고 있다. 소련이 원자탄을 보유하고 유럽에서의 위상이 강화됨으로써 이런 불개입 분위기가 더욱 심화되고 있다.

김일성은 미국이 개입하지 않을 것이라는 견해를 밝혔다. 그것은 북조선 뒤에 소련과 중국이 있어서뿐만 아니라 미국 스스로 대규모 전쟁을 벌이려 하지 않기 때문이라고 하였다.

김일성 마오쩌둥 동지는 항상 조선 전체를 해방하고자 하는 우리의 희망을 지지하였습니다. 중국 혁명만 완성되면 우리를 돕고, 필요할 경우 병력도 지원하겠다는 말을 여러 차례 하였습니다. 하지만 우리는 자신의 힘으로 조선 통일을 이루겠습니다. 우리는 해낼 수 있다고 믿습니다.

스탈린 완벽한 전쟁 준비가 필수입니다. 무엇보다 군사력을 잘 갖추어야 합니다. 엘리트 공격 사단을 창설하고 추가 부대 창설을 서두르세요. 사단의 무기 보유를 늘리고 이동 전투 수단을 기계화해야 합니다. 이와 관련된 귀하의 요청은 모두 들어주겠습니다. 그 후에 상세한 공격 계획이 수립되어야 합니다. 기본적으로 공격은 3단계로 하세요. 1) 38도선 가까이 특정 지역에 병력을 집결하고, 2) 북조선 당국에선 평화 통일에 관해 계속 새로운 제의를 내놓을 것, 3) 상대가 평화 제의를 거부한 뒤 기습 공격을 가할 것입니다.

옹진 반도를 점령하겠다는 귀하의 계획에 동의합니다. 공격 개시 의도를 위장하는 데 도움이 된다고 봅니다. 북측의 선제공격과 남측의 대응 공격이 있은 뒤 전선을 확대할 기회가 생길 것이오. 전쟁은 기습적이고 신속해야 합니다. 남조선과 미국이 정신을 차릴 틈을 주지 말아야 합니다. 강력한 저항과 국제적 지원이 동원될 시간을 주지 말아야 합니다.

김일성은 스탈린 동지에게 왜 미군이 개입하지 않을 것인지 상세하게 분석해 보이며, 신속한 공격으로 사흘이면 승리할 수 있다고 하였다. 또한 남조선 내 빨치산 운동이 강화되어 대규모 폭동이 일어날 것이라고 하였다. 박헌영도 남조선 내 빨치산 활동에 대해 상세히 설명하였다. 그는 20만 당원이 그곳에서 대규모 폭동을 주도할 것이라고 밝혔다.

— 소련 공산당 중앙 위원회 국제국 작성. 구소련 문서,
러시아 대통령궁 문서 보관소, 1950. 3. 30~4.25

이 자료는 소련에서 작성한 것으로 그 신빙성은 제가 굳이 말할 필요가 없다고 생각합니다. 이 자료를 보면 스탈린과 김일성이 계획적으로 전쟁을 준비했다는 것을 알 수 있습니다. 더구나 이때 계획

한 대로 1950년 6월 25일 옹진반도를 제일 먼저 공격하였죠. 이 이상 더 명백한 증거가 필요할까요? 이상입니다.

판사 피고 측 변호인, 할 말이 있나요?

나동무 변호사 네. 증인은 이 자료에 대한 기억이 있나요?

스탈린 확실하지는 않지만 어렴풋이 기억이 납니다.

나동무 변호사 당시 어떤 상황이었나요?

스탈린 잘 기억은 나지 않지만, 아마 김일성이 조선 통일에 대한 이야기를 해서 저는 조언을 해 준 것으로 기억하고 있습니다.

나동무 변호사 그럼 여기 등장하는 이야기는 그 당시 단순히 떠오른 생각일 뿐인가요?

나동무 변호사의 의도를 알아차린 스탈린의 표정이 밝아졌다.

스탈린 아! 맞습니다. 북한은 이미 스스로 국가를 세우고 독립적으로 움직이는 데 비해서, 남한에서는 미국의 영향력이 매우 컸습니다. 더구나 38도선 부근에서는 수시로 전쟁이 벌어지는 상황에서, 동맹국으로서 이런저런 의견을 들려주었을 뿐입니다.

나동무 변호사 그렇군요. 판사님, 보시다시피 이것은 단순히 회담 중에 나온 아이디어일 뿐이지, 북한이 남한을 먼저 침공한 증거라고 보기에는 무리가 있습니다. 더구나 남한이 먼저 공격했음이 확실한데요.

한반도 변호사 존경하는 판사님! 피고 측 변호인은 억측을 사실인

것처럼 주장하고 있습니다.

판사 인정합니다. 피고 측 변호인, 주의하세요.

나동무 변호사 알겠습니다. 어쨌든 이처럼 이 문서의 이야기는 단순한 아이디어 차원에서 나온 것이지 실제로 실행했다는 증거로 삼기에는 미흡하다는 것이 제 주장입니다. 더구나 원고 또한 남한 측 대표로서 북한과 마찬가지로 무력 통일을 고려하고 있었음이 곳곳에서 드러나고 있습니다. 예를 들어 1949년 10월에 원고가 가진 기자 회견 내용을 보면 알 수 있습니다.

"한국은 한 몸뚱이가 양단된 셈이다. 한국은 앞으로 장기간 남북 분열을 용인하지는 않을 것이다. 우리가 전쟁으로써 이 사태를 해

결하여야 할 때는 필요한 모든 전투는 우리가 행할 것이다. (……) 이 대사상 냉정 전쟁(大思想 冷靜戰爭)에서 우리는 공산주의를 저지하기 위한 가능한 모든 일을 할 것이다."

원고는 이 기자 회견 내용을 기억합니까?

이승만 네, 기억이 납니다.

나동무 변호사 보시다시피 남한과 북한이 크게 다를 것이 없었습니다. 이상입니다.

한반도 변호사 판사님, 제가 마지막으로 스탈린에게 질문하도록 허락해 주십시오.

판사 질문하세요.

한반도 변호사 증인은 증인석에 앉기 전에 진실만을 말할 것을 선서했습니다. 그렇죠?

스탈린 그렇습니다.

한반도 변호사 그럼 제가 이제부터 하는 질문에 진실만을 말하시겠군요. 국가의 명예를 걸고 진실하게 대답하겠다고 약속할 수 있으신가요?

나동무 변호사 판사님, 원고 측 변호인은 증인에게 불필요한 강요를 하고 있습니다.

판사 그런 것은 아닌 것 같습니다. 원고 측 변호인은 계속하세요.

한반도 변호사 감사합니다, 판사님. 증인에게 간단하게 묻겠습니다. 소련이 갑작스럽게 미국의 공격을 받는다면 당연히 반격하겠죠?

스탈린 물론입니다.

한반도 변호사　그때 사흘 만에 미국의 수도를 점령할 수 있을까요?

나동무 변호사　판사님, 원고 측 변호인은 적절하지 않은 비유로 본질을 흐리고 있습니다.

판사　인정합니다. 원고 측 변호인은 명확한 질문을 해 주세요.

한반도 변호사　알겠습니다. 북한은 남한의 공격에 반격하면서 남한에 들어왔다고 했습니다. 기습을 받고 오히려 공격에 나섰다는 거지요. 거기까지는 좋습니다. 그런데 사흘 만에 수도를 점령하죠. 증인은 이게 상식적으로 말이 된다고 생각합니까?

스탈린은 잠자코 앉아 있었다.

나동무 변호사　판사님, 원고 측 변호인은 증거가 아닌 추측을 내세우면서 증인에게 무리한 발언을 하도록 유도하고 있습니다.

판사　인정합니다. 원고 측 변호인에게 다시 한 번 경고합니다. 명확한 질문을 하세요.

한반도 변호사　네. 이미 제 질문과 증인의 행동에서 답이 나왔다고 생각합니다. 지금까지 제가 제출한 증거들은 북한이 계획적으로 전쟁을 일으켜 남침했다는 것을 보여 주고 있습니다. 판단은 존경하는 판사님과 배심원 여러분께 맡기겠습니다. 이상입니다.

판사　피고 측 변호인은 할 이야기가 있나요?

나동무 변호사　없습니다.

판사　증인은 돌아가도 좋습니다.

2

전쟁은
어떻게 진행되었을까?

한반도 변호사 판사님, 6·25 전쟁에 대해서 자세하게 이야기해 줄 수 있는 증인으로 맥아더 장군을 모시고자 합니다.

판사 좋습니다.

곧이어 선글라스를 쓰고 연갈색 군복을 입은 맥아더가 증인석에 자리를 잡았다. 그는 군인답게 곧은 자세로 자리에 앉아 주위를 둘러보았다.

한반도 변호사 안녕하세요. 개인적으로도 존경하는 장군님을 뵈어서 영광입니다.

맥아더 저도 이 자리에 나와서 영광입니다.

발발
전쟁이나 큰 사건 따위가 갑자기 일어남을 의미하는 말입니다.

한반도 변호사　먼저 간략하게 자기소개를 해 주십시오.

맥아더　나는 제2차 세계 대전 때 남서태평양 사령관이었습니다. 전쟁이 끝난 뒤 일본 점령군 최고사령관으로서 잠시 일본을 통치하기도 했지요. 6·25 전쟁 때에는 전쟁 초기 9개월 동안 국제 연합군 총사령관직을 맡았습니다.

한반도 변호사　전쟁에 직접 참여했고 남한이나 북한과 연계가 없으시니 명확한 사실만을 말씀해 주시리라 생각됩니다. 당시 전쟁에는 어떻게 참전하시게 되었나요?

맥아더　사실 미국은 6월 25일 새벽에 북한의 침공으로 한반도에서 전쟁이 발발했다는 소식을 듣고는 재빨리 움직였습니다.

나동무 변호사　판사님, 증인은 아직 명확하게 결론이 나지 않은 주장을 사실로 이야기하고 있습니다.

온화한 표정으로 말하던 맥아더가 낯빛을 바꾸며 자리에서 벌떡 일어났다.

맥아더　그럼 내가 지금 거짓을 말하고 있다는 말입니까? 이 맥아더가!

판사　증인은 일단 재판에서 지금 논란이 되는 부분에 대해서는 생략하고 전쟁에 대해 이야기하시기 바랍니다.

맥아더　알겠습니다.

1950년 6월 25일에 전쟁이 일어나자, 미국은 그다음 날인 6월 26

일에 국제 연합 안전 보장 이사회를 소집했습니다. 국제 연합 안전 보장 이사회에서는 북한을 침략자로 규정하고 곧바로 남한에 군사 지원을 하기로 결정했습니다.

나동무 변호사 판사님, 증인에게 질문을 하고 싶습니다. 허락해 주십시오.

판사 허락합니다.

나동무 변호사 한 가지 짚고 넘어가야 할 부분이 있습니다. 당시 국제 연합에서 가장 큰 영향력을 행사하고 있던 국가는 어디였습니까?

맥아더 당연히 미국이었죠.

나동무 변호사 국제 연합의 결정에 영향을 줄 만큼 미국이 큰 힘을 행사하고 있었다는 뜻으로 받아들여도 될까요?

맥아더 완전하다고는 볼 수 없지만, 어느 정도 큰 영향력을 행사한 것은 맞습니다.

나동무 변호사 이상입니다.

판사 증인은 계속하세요.

맥아더 ▸국제 연합 안전 보장 이사회에서 군사 지원을 하기로 결정되자, 미국을 주축으로 16개국(미국, 영국, 프랑스, 캐나다, 네덜란드, 벨기에, 룩셈부르크, 그리스, 터키, 오스트레일리아, 뉴질랜드, 타이, 필리핀, 남아프리카공화국, 에티오피아, 콜롬비아)이 참여한 국제 연합군이 창설되었습니다. 제가 국제 연합군 총사령관이 되어 한국으로 파병되었습니다. ▸▸1950년 7월 12일, 저는 한국의 이승만 대통령에게서 남

교과서에는

▸국제 연합에서는 안전 보장 이사회를 소집하였습니다. 그리고 한국을 지원하는 국제 연합군의 참전을 결의하였지요. 16개국의 연합군이 참전하게 되었습니다.

▸▸계속 밀리고 있던 남한의 이승만 대통령은 전쟁의 효과적 수행을 위해 국군의 작전 지휘권을 국제 연합군 사령관에게 넘겼습니다. 국군과 국제 연합군은 연합 작전을 전개하여 북한군의 남하를 저지하였지요.

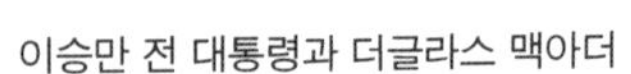
이승만 전 대통령과 더글라스 맥아더

인천 상륙 작전 수행 직전의 맥아더의 모습

한의 군사 작전권을 넘겨받았습니다.

한반도 변호사 작전권을 넘겨받을 당시 남한의 상황은 어땠나요?

맥아더 남한은 끊임없이 밀리고 있었습니다. 사흘 만에 수도를 빼앗겼고, 제가 군사 작전권을 넘겨받은 7월 말에는 경상남북도를 제외한 전 지역을 북한군이 장악하고 있었어요.

한반도 변호사 당시 상황을 어떻게 보셨나요?

맥아더 북한군은 사전에 철저하게 준비한 것처럼 보였습니다. 2개월 만에 남한 지역 대부분을 차지했는데요, 체계적으로 계획을 세워 준비하지 않고는 그런 결과를 낼 수가 없지요. 군사력도 군사력이지만, 준비가 완벽하게 되어 있었습니다.

한반도 변호사 알겠습니다. 그래서 그런 상황을 뒤집기 위해서 증인은 어떤 작전을 펼쳤나요?

맥아더 저는 상황을 반전시키기 위해서는 적의 허를 찔러야 한다

고 생각했어요. ▶그래서 시행한 작전이 바로 1950년 9월 15일에 벌인 인천 상륙 작전이지요. 북한군은 유일하게 남아 있는 경상도를 점령하기 위해 군사력을 투입하고 있었기에 후방의 방어가 허술했어요. 그래서 곧바로 인천으로 상륙해 들어가서 9월 28일 서울을 되찾을 수 있었습니다. 제가 말하기 쑥스럽지만, 놀라운 작전으로 전세를 역전시킬 수 있었죠.

교과서에는

▶ 국제 연합군은 우세한 공군력을 바탕으로 북한군의 공세를 막아 내고, 9월 15일 인천 상륙 작전의 성공으로 전세를 역전시키기에 이릅니다.

퇴정
법정에서 물러나는 것을 말합니다.

김일성 흥! 놀라운 작전이라고?

맥아더 뭐욧!

판사 피고는 조용히 하세요. 또 한 번 끼어들면 퇴정시키겠습니다. 증인은 계속하세요.

맥아더 감사합니다, 판사님.

그렇게 전세가 역전되자 그다음부터는 순조로웠습니다. 1950년 10월 1일부터 남한군 국군 3사단을 선두로 하여 38도선을 넘어 북한으로 진격해 들어갔어요.

나동무 변호사 잠시 질문하겠습니다. 국제 연합 안전 보장 이사회에서 국제 연합군에 부여한 최초의 임무는 무엇이었나요?

맥아더는 잠시 주춤하더니 대답하였다.

맥아더 침략군을 38도선 이북으로 몰아내고 평화와 군사 분계선을 회복하는 것이었습니다.

나동무 변호사 그런데 남한군과 국제 연합군은 38도선을 넘어 북한으로 들어갔군요?

맥아더 네, 그렇습니다.

나동무 변호사 그렇게 한 이유가 무엇이지요?

맥아더 한국의 이승만 대통령이 국군에게 북진 명령을 내렸습니다. 그리고 국제 연합군은 한국의 군인을 보호하기 위해 북진했습니다.

나동무 변호사 알겠습니다.

판사 증인은 계속 진술하세요.

맥아더 네. 그 후 우리는 10월 10일 원산, 10월 17일 함흥과 흥남, 10월 19일에는 북한의 심장부인 평양까지 진군하였습니다. 그리고 10월 26일에는 압록강변에 도달하였지요. ▶그런데 이때 중공군이 대규모 기습 공격을 해 와서 철수할 수밖에 없었습니다. 저는 새로운 전쟁이 시작되었다고 보고 11월 28일 전면적인 후퇴를 결정했습니다.

판사 새로운 전쟁이라는 것은 무엇인가요?

맥아더 지금까지는 남한과 북한의 전쟁이었습니다. 물론 연합군이 들어가 있었지만, 전쟁의 주체는 남한과 북한이었어요. 하지만 중공군이 끼어들면서 이 전쟁은 미국과 중국의 전쟁으로 변질되고 말았습니다.

판사 그렇군요.

한반도 변호사 그리고 곧 증인은 사령관에서 해임되었는데요. 그 과정을 자세히 설명해 주시겠습니까?

맥아더 그러지요. 나는 1950년 12월 3일 모든 부대에 대하여 38도선으로 총퇴각하라는 명령을 내렸습니다. 이미 지칠 대로 지친 우리 측이 새롭게 투입된 중공군에 맞서는 건 누가 보아도 힘든 전투였습니다. 더구나 100만에 달하는 중국 군사력은 정말 치가 떨릴 정도였지요. 나는 전쟁에서 이기기 위해서 중국에 원자 폭탄을 투하하려고 했습니다.

교과서에는

▶ 압록강을 건너 참전한 중국군의 공세에 밀려 국군과 국제 연합군은 후퇴하기에 이릅니다.

"원자 폭탄!"

원자 폭탄이라는 말이 나오자 방청객들이 놀라 웅성거렸다.

판사 조용히들 하세요! 증인은 계속하세요.

맥아더 나는 당시 미국 대통령이었던 트루먼과 긴밀하게 이야기했습니다. 그런데 세계적인 반전 여론과 소련이 참전할지도 모른다는 영국의 반대로 이 계획은 무산되고 말았지요. 결국 그 책임을 물어 나는 사령관에서 해임되고 리지웨이 장군이 임명되었습니다.

한반도 변호사 그 후 중공군을 등에 업은 북한군이 다시 서울을 차지하였죠?

맥아더 그래요. 강하게 나갔어야 했는데 너무 나약했습니다. 결국 1951년 1월 4일 서울을 다시 빼앗기고 말았지요. 하지만 다행히 리지웨이 장군이 잘 대처해서 1951년 중반부터는 전투가 지금의 휴전선 일대에서 교착 상태에 빠졌어요.

한반도 변호사 잘 알겠습니다. 이상입니다.

판사 피고 측 변호인은 질문할 내용이 있나요?

나동무 변호사 없습니다.

판사 증인은 이만 돌아가셔도 됩니다.

나동무 변호사 판사님, 이후 전쟁 상황에 대해 설명해 줄 새로운 증인을 요청합니다.

판사 허락합니다.

잠시 후 옷차림은 김일성과 비슷하고 이마가 훤하게 빛나는 마오쩌둥이 증인석에 서서 선서를 했다.

장제스
중국의 군인이자 정치가로 중화민국의 총통이었습니다.

나동무 변호사 여기까지 오시느라 고생이 많으셨습니다. 간단하게 자기소개 부탁드립니다.

마오쩌둥 뭐 간단하게 말하면, 나는 **장제스**를 물리치고 중화 인민 공화국 정부를 세운 사람입니다. 한마디로 중국의 제1인자였죠.

나동무 변호사 바로 본론으로 들어가겠습니다. 방금 맥아더 장군이 증인으로 나와서 1950년 10월 말에 중공군이 참전해서 후퇴하였다고 했는데요. 6·25 전쟁에 참전하게 된 계기는 무엇이었습니까?

마오쩌둥 사실 우리가 갑자기 끼어든 것은 아니었습니다. 미국이 한반도를 차지할지도 모른다는 이야기를 북한에서 이미 들은 상태인 데다, 한반도에서 전쟁이 일어났다는 소식을 듣고 혹시나 하는 생각에 준비를 하고 있었습니다. 그리고 1950년 10월 2일 외교부장인 주은래를 통해서 남한군의 북진은 괜찮지만 미군이 북진할 경우 군대를 투입하겠다고 분명하게 밝혔던 상황이었지요.

마오쩌둥은 중화 인민 공화국을 세운 정치가이자 초대 국가 주석입니다.

나동무 변호사 그렇군요. 남한과 북한 간의 전투에 끼어든 미군을 막기 위해 준비하고 계셨던 거군요.

마오쩌둥 바로 그렇습니다. 우리는 혹시나 하여 준비하고 있다가, 미군이 압록강까지 진격하자 더는 두고 볼 수 없다는 생각에 바로 30만 명의 군대를 파병했죠. 그리고 곧 군대를 추가로 파병하여 다행히 전세를 뒤집을 수 있었습니다. 아까 이야기를 들으니 미군이 원자 폭탄까지 사용하려고 했다는데, 참으로 어이없는 말입니다. 전쟁에 먼저 끼어든 것이 누군데 감히 중국 본토에 원자 폭탄을 떨어뜨린단 말입니까.

나동무 변호사 북한의 동맹국으로서 당연한 일을 하셨던 것이군요.

마오쩌둥 그렇습니다.

한반도 변호사 판사님, 증인에게 한 가지 질문하고 싶습니다.

판사 짧게 해 주세요.

한반도 변호사 증인은 아까 전쟁이 일어났다는 소식을 듣고 혹시나 하는 생각에 준비를 하고 있었다고 했습니다.

마오쩌둥 네.

한반도 변호사 그럼 한반도에서 전쟁이 벌어질 수도 있다는 사실을 몰랐습니까?

마오쩌둥 미국이 한반도를 차지하려 하고 있었기 때문에, 미군 주도하에 전쟁이 일어날 것이란 생각은 있었습니다. 그리고 중공군이 개입할 만큼 미군이 한반도를 차지하려고 하지 않았습니까?

한반도 변호사 아까 피고와 증인 스탈린이 이야기한 자료를 보면, 증인이 중국 혁명이 완성되면 김일성에게 병력을 지원하겠다는 이야기를 자주 했다고 하던데요. 사실입니까?

마오쩌둥 네, 그런 말을 한 적이 있습니다.

한반도 변호사 그렇다면 김일성이 이미 한반도에서 전쟁을 일으킬 기미를 보였고, 증인은 김일성이 전쟁을 일으키면 북한을 지원하겠다고 약속했다는 것이군요. 그렇습니까?

나동무 변호사 판사님, 지금 원고 측 변호인은 유도 신문을 하고 있습니다.

판사 그런 것 같군요. 원고 측 변호인은 피고에게 하고 싶은 질문이 뭡니까?

한반도 변호사 판사님, 저는 김일성이 이미 남한을 공격할 생각을 가지고 있었고, 그 생각에 대해 마오쩌둥과 스탈린이 지지하고 군사적 협조를 합의했다고 생각합니다. 그래서 증인에게 이 점을 다시 한 번 확인하고자 했습니다.

판사 알겠습니다. 그렇다면 할 이야기는 다 한 것 같군요. 피고 측 변호인은 계속하세요.

나동무 변호사 증인은 중공군 개입을 지시했으니 그 이후 상황도 잘 알고 있겠네요. 그 이후 어떻게 되었습니까?

마오쩌둥 ▸군을 투입한 뒤 서울을 잠시 차지했지만 곧 도로 빼앗기고, 38도선을 경계로 전선이 교착 상태에 빠지고 말았습니다. 그래서 결국 소련이 나서서 국제 연합에서 휴전 제의가 오고 갔고, 1951년 6월부터 국제 연합군과 휴전 회담이 진행되었습니다.

나동무 변호사 남한은 빠진 상태였네요?

마오쩌둥 네. 어차피 남한은 영향력이 크지 않았고, 또 이승만이 끝까지 전쟁을 고집하였기 때문에 남한은 배제한 것으로 알고 있습니다.

나동무 변호사 그런데 휴전 협정이 무려 2년이나 계속되

교과서에는

▸ 38도선 부근에서 전선이 교착 상태에 빠지자 소련의 제안에 따라 미소 양국은 휴전 회담에 합의하게 됩니다.

었지요. 어째서 그렇게 오래 걸린 것인가요?

마오쩌둥 그게 쉬운 일이 아니었어요. 도대체 어디까지를 남한과 북한의 영토로 인정해야 할지도 애매했고, 휴전을 감시할 중립국을 세우려고 해도 마땅한 나라가 없었습니다. 더구나 포로 교환을 어떻게 해야 할지도 난감했고요. 그나마 다행히 1953년 7월 27일 남한 정부의 반대는 있었지만 휴전 협정이 체결되었어요.

나동무 변호사 ▶남한 정부의 반대가 그렇게 심했나요?

마오쩌둥 제가 알기로는 그렇습니다. 더구나 포로 송환 문제로 휴전 협정이 어려움을 겪고 있음을 분명히 알았을 텐데도 마지막까지 문제를 일으켰어요.

나동무 변호사 그게 무슨 이야기인가요?

마오쩌둥 휴전 회담 협정에서는 "송환을 원하지 않는 포로는 중립국 포로 송환 위원회에 넘겨 처리한다"라고 되어 있었습니다. 그런데 휴전 협정이 마무리되던 1953년 6월 18일쯤 이승만이 반공 포로 석방을 단행한 겁니다. 무려 2만 7000명의 포로를 풀어 주었어요. 휴전 협정 자체를 무산시키려는 의도였겠지요. 다행히 북한과 미군이 더는 전투를 벌이기 어렵다는 판단 아래 반공 포로 석방을 인정해서 유야무야 끝나긴 했어요. 무의미한 전쟁이 계속될 수도 있는 위험한 순간이었지요.

교과서에는

▶ 한국 정부는 휴전에 반대하여, 교전 중에 있는 양방이 합의에 따라 일시적으로 전투를 중단하자는 정전 회담에 참여하지 않았습니다. 그리고 정전 협정 체결 전에 반공 포로들을 석방하는 조치를 취하기도 하였지요.

나동무 변호사 그러니까 휴전 협정을 체결하고 전쟁을 끝내려고 하는데 남한 측에서 방해했던 것이군요.

마오쩌둥 그렇습니다.

나동무 변호사 이상입니다.

판사 원고 측 변호인, 질문하시겠습니까?

한반도 변호사 질문하지 않겠습니다.

판사 그럼 잠시 휴정한 뒤 원고와 피고의 최후 진술을 듣겠습니다.

영화로 보는 6·25 전쟁

전쟁의 참혹함은 아무리 말로 설명해도 잘 전달되지 않습니다. 이럴 때는 직접 전쟁의 흔적을 살펴보거나 영상을 통해 당시의 참극을 돌아볼 수 있죠. 6·25 전쟁의 유물과 당시 상황이 잘 복원되어 있는 곳은 전쟁 기념관입니다. 그리고 영상으로 전쟁 영화를 볼 수가 있습니다. 지금 전쟁 기념관을 찾아가기가 어렵다면, 영화를 보면서 6·25 전쟁이 얼마나 우리 역사에서 비극적인 기억인지 살펴보세요.

〈태극기 휘날리며〉

전쟁 전 평화롭게 살던 한 형제가 서로를 구하기 위해 전쟁의 참혹함을 겪는 이야기예요. 이 이야기를 단순히 영화로 치부할 수 없는 건 실제로 형제가 적으로 만나 서로에게 총을 겨눈 일이 있었기 때문입니다.

황해도 평산군에 박규철과 박용철 형제가 살았어요. 형은 동생에게 가족을 부탁하고 홀로 월남했는데, 전쟁이 터지면서 남한군으로 전쟁에 참전하게 되었지요. 어느 날 땅에 엎드려 살려 달라는 북한군에게 총을 겨누었는데, 그 북한군이 바로 동생이었답니다. 동족상잔의 비극을 보여 주는 이 이야기는 전쟁 기념관 입구에 '형제의 상'이라는 조형물로 만들어졌고, 영화로 만들어져 많은 사람들의 눈시울을 붉히게 했지요.

〈웰컴 투 동막골〉

제1차 세계 대전 당시 '크리스마스 휴전'이란 일이 일어났어요. 영국군과 독일군이 크리스마스를 계기로 전투를 멈추고 휴전을 한 거예요. 서로 피를 흘릴 이유가 없다면서 말이지요. 〈웰컴 투 동막골〉도 그와 비슷한 이야기예요.

6·25 전쟁이 오랜 기간 지속되었지만 전쟁의 참화를 피한 곳이 있었어요. 그 깊은 산속의 마을에 미군 전투기가 추락하면서 연합군 병사가 마을로 들어옵니다. 그곳에 인민군과 국군 일행이 모이면서 잠시 긴장감이 어리지요. 하지만 그들은 결국 동막골을 보호하기 위해 힘을 합칩니다. 같은 인간끼리 서로 총칼을 겨누는 일이 벌어지지 말아야 한다는 것을 보여 주는 영화예요.

〈포화 속으로〉

6·25 전쟁 때 남한은 준비되어 있지 않았어요. 1950년 6월 25일, 전쟁이 시작되자 남한은 후퇴를 거듭해야 했지요. 준비되지 않은 상황에서 수많은 사람이 강제 징집을 당했어요. 그리고 갖가지 이유로 포항을 지키던 71명의 학도병이 인민군과 처절한 전투를 벌이게 되지요. 실제로 있었던 일로, 당시 남한의 급박했던 상황과 함께 어린 학생들까지 전쟁에 참여했어야 할 만큼 전쟁이 비극이었다는 점을 보여 주는 영화랍니다.

휴 정
인 터 뷰

다알지 기자

수많은 희생자를 내었고 오늘날까지도 이산가족의 아픔과 상처를 남긴 6·25 전쟁! 이 6·25 전쟁을 누가 시작했느냐를 놓고 벌어진 재판에 그동안 많은 관심이 쏠렸지요. 세 번에 걸친 재판에서 열띤 논쟁을 벌였던 두 분 변호사님께 지금까지의 재판 과정에 대한 생각을 들어보겠습니다.

한반도 변호사

마지막으로 마오쩌둥 피고를 선정한 것은 피고 측에 확실히 도움이 되었다고 생각합니다. 하지만 이전에 제가 보여 드렸던 여러 증거를 다시 생각해 주셨으면 합니다. 전쟁이 일어나기도 전에 세밀한 계획을 세우고 동맹국들과 군사 협조에 대한 이야기를 한 것은 바로 저 피고였습니다. 스탈린, 마오쩌둥도 마찬가지였고요. 이미 그들은 전쟁 계획을 세워 놓고, 전쟁에 대한 책임을 남한과 미국에 전가할 계획까지 완벽하게 수립하고 있었어요. 그래서 지금까지도 6·25 전쟁을 벌인 책임에 대한 논란이 지속되고 있는 것이겠지요. 재판에 관심을 가진 여러분은 북한의 전쟁 책임을 회피하기 위한 치졸한 변명들은 잊어버리시고 진실만을 봐 주세요. 물론 그러시리라고 믿습니다만.

나동무 변호사

우리는 지금까지 6·25 전쟁의 시작과 휴전 협정까지의 과정을 살펴보았습니다. 전쟁은 사람들에게 끔찍한 경험을 가져다주었지요. 그런데 그 책임이 누구에게 있는지 이제는 확실해졌다고 생각합니다. 6·25 전쟁은 미국이 한반도를 차지하기 위해 남한을 이용한 전쟁이었습니다. 미국에 있던 원고가 광복 이후 남한에 들어와 남한 단독 정부 수립을 주장한 것을 보면 알 수 있습니다. 남한에 단독 정부가 수립된 이후에는 뻔합니다. 전쟁으로 통일을 해야죠. 당시 원고의 행동들에서 북한을 공격해야 한다는 명분을 쌓으려 노력한 흔적들을 볼 수 있습니다. 제주 4·3 사건도 그 과정에서 벌어진 일이라 생각됩니다. 이런 부분을 명확하게 하신다면 이 재판의 결과가 예상되리라 생각합니다.

북한은 전쟁 책임을 회피하기 위한 치졸한 변명을 집어치우시오 vs 6·25 전쟁은 미국이 한반도를 차지하기 위해 남한을 이용한 전쟁이었소

판사 이제 양측의 최후 진술을 듣고 판결을 내리겠습니다. 두 분의 진술은 판결문에 중요한 영향을 주게 되니 신중하게 말씀해 주세요. 먼저 원고, 최후 진술하세요.

이승만 6·25 전쟁이 끝난 지 벌써 60년 가까이 되도록, 피고가 자신이 일으킨 전쟁을 끝끝내 남한이 일으켰다고 우겨 이렇게 법정까지 오게 되었습니다. 그동안 6·25 전쟁에 대한 연구가 꾸준히 이루어졌고, 당시 정황 증거를 비롯한 수많은 기록이 이미 전쟁을 일으킨 게 북한이라는 것을 드러내고 있습니다. 그런데 피고는 아직도 뻔뻔하게 남한이 먼저 전쟁을 시작했다는 말도 안 되는 주장으로 나, 이승만을 비난하고 있습니다.

1945년 8월 15일 우리는 일본에서 벗어나 자유를 되찾았습니다.

그러나 그 자유는 우리 손으로 얻은 것이 아니었습니다. 일본이 제2차 세계 대전의 패전국이 됨으로써 얻어진 자유였지요. 그 결과 한반도에 미국과 소련이라는 강국이 들어왔고, 결국 분단이라는 상황을 맞이하게 되었습니다. 당시 남북한 당사자들의 결정에 의해 하나의 국가가 탄생했다면 6·25 전쟁과 같은 비극은 일어나지 않았을 것이지만, 지난 일을 말해 무엇하겠습니까. 다만 몇 가지 짚고 넘어가야 할 사실들이 있습니다.

그 당시 북한은 이미 공산주의 정권을 수립하기 위해 소련의 지원을 받아 준비하고 있었습니다. 북한에서 통일 정부 수립을 위해 남한 지도자들을 초청한 것은 자신들의 정권을 세우는 데 필요한 시간을 만들기 위해서였습니다. 당시 1차 회의 이후에는 남한 관계자들은 배제한 채 회의가 이루어졌습니다. 그런 회의가 무슨 통일 정부 수립을 위한 회의이겠습니까. 나는 그런 사실을 일찍 깨닫고 남한이라도 자유주의 국가로 남기 위해 남한 단독 정부 수립을 주장했던 것입니다. 이것은 남한 정부 수립 이후 곧바로 북한 정부 수립 발표가 난 것을 보면 알 수 있습니다. 북한이 남한 정부 수립 후 국가 수립을 선포한 것은 명분을 쌓기 위한 것이었습니다. 남한이 먼저 세웠으니 북한도 세울 수밖에 없지 않느냐라는 것이죠.

그리고는 곧바로 전쟁 준비에 들어갔습니다. 스탈린과 김일성의 대화 기록을 보면 이 점을 명확하게 알 수 있습니다. 이것을 보면 전쟁을 준비하고 남한을 공격한 것이 누구였겠습니까? 더구나 당시 38도선 부근에서 이루어진 전투도 북한의 전쟁 대비 탐색전이었을 것입니다. 분단이 된 지 얼마나 되었다고 서로를 향해 총칼을 겨누겠습니까. 1950년 6월 25일 새벽에 기습적으로 남한을 공격하고 사흘만에 서울을 점령한 것은 누구입니까? 이 모든 것이 한반도를 공산주의 국가로 만들어 지배하려던 피고의 계획이었습니다. 결국 그것으로 피해를 입고 비극을 겪은 것은 누구였습니까? 바로 같은 피가 흐르는 우리 한민족이었습니다.

존경하는 판사님, 그리고 배심원 여러분, 6·25 전쟁은 한반도, 한민족에게 일어난 가장 끔찍한 비극입니다. 비극을 단순한 비극으로 끝낼지 아니면 그 비극을 바탕으로 앞으로 이런 비극이 되풀이되지 않게 할지는 우리 손에 달려 있습니다. 그 첫걸음으로서 동족상잔의 비극을 시작한 게 누구였는지 명확하게 결론 내야 한다고 생각합니다.

판사 이번에는 피고가 진술해 주세요.

김일성 6·25전쟁은 같은 민족끼리 서로 총칼을 겨누고 이념 때문에 싸웠다는 점에서 참으로 가슴 아픈 일입니다. 이런 비극이 되풀이되지 않으려면 전쟁에 대한 책임을 명확하게 해야 합니다.

그런데 원고 이승만은 이 비극적인 전쟁에 대한 책임을 나에게 떠넘기고 있습니다. 당시 상황을 보시면 아시겠지만, 전쟁의 시작이 된 남북한 분단을 만든 것은 원고였습니다. 원고는 1945년 8월 15일 한반도에 자유가 찾아온 이후에 미국에서 돌아왔습니다. 와서는 자신이 권력을 잡기 위해 노력했지요. 그 결과가 바로 남한 단독 정부 수립과 원고의 대통령 당선입니다. 그는 남북한 통일 정부 수립을 위해 노력한 나를 비롯해 남한의 김구, 김규식 등을 공격하면서 남한 단독 정부 수립을 주장했습니다. 치욕스런 일제 강점기를 거쳐 겨우 되찾은 한반도의 자유인데, 원고는 단순히 개인의 권력욕에서 남한 단독 정부 수립을 주장했고 결국 대통령까지 되었지요. 대통령이 된 이후의 일을 보면 더욱 원고의 됨됨이를 알 수 있습니다. 제주 4·3 사건을 비롯해, 권력을 지속하기 위해 국민을 억압하고 부정을 저질렀지요.

당시 이승만은 무력을 써서라도 통일하기를 원한다는 말을 서슴없이 하고 있었습니다. 미국과 소련에 의해 남과 북으로 나뉘어져 있었지만, 우리는 한민족이기 때문에 싸울 필요가 없었습니다. 그러나 이승만은 서슴없이 무력 통일을 주장하면서, 38도선 부근에서 수많은 전투를 벌였습니다.

원고는 1950년 6월 25일 새벽에 북한군이 먼저 남한을 공격해 내려왔다고 주장합니다. 그러나 증거라는 게 모두 정황 증거일 뿐입니다. 실질적으로 우리 북한이 먼저 공격했다는 확실한 증거가 없어요. 실은 남한이 먼저 공격했다가, 북한의 강한 반격에 그만 사흘 만에 서울을 빼앗겼던 거지요.

여러분께선 사건의 경위를 보면서, 누가 더 전쟁을 원했고 전쟁으로 가는 길을 만들었는지 명확하게 아셨을 것입니다. 6·25 전쟁은 미국이 한반도를 차지하기 위해 남한을 이용한 전쟁이었던 것입니다. 휴전 협정이 체결되었는데도 원고가 벌인 행동을 보면, 누가 그토록 전쟁을 원했는지 알 수 있지요. 이 부분을 명확하게 하신다면, 이 재판의 결과가 나올 거라고 생각합니다.

판사 두 분의 이야기를 잘 들었습니다. 모두 수고하셨습니다.

지금까지 6·25 전쟁이 벌어지기까지의 과정과 전쟁 상황에 대해 알아보았습니다. 원고와 피고, 증인들의 진술은 모두 최종 판결에 반영될 것입니다. 저는 배심원의 판결서를 참고하여 4주 후에 판결문을 공개하겠습니다. 그때까지 여러분도 각자 판결을 내려 보시기 바랍니다.

땅! 땅! 땅!

역사공화국 한국사법정 재판 번호 56 이승만 vs 김일성

주문

역사공화국 한국사법정은 이승만이 김일성을 상대로 제기한 6·25 전쟁 발발 책임 인정 및 사과 요구에 대한 청구를 승소 판결한다. 다만 정신적·물질적 보상에 대해서는 추후 남한과 북한 관계자의 협의에 따라 결정한다.

판결 이유

1945년 8월 15일 제2차 세계 대전에서 일본이 패배하면서 갑작스럽게 광복을 맞은 한국은 혼란스러운 상황이었다. 통일 정부를 세우려는 자체적인 노력이 있었지만, 아쉽게도 세계적인 이념 논쟁에 휩싸여 38도선을 기준으로 남한과 북한이 갈라지게 되었으며, 이후 미국과 소련의 의지가 반영되어 남한과 북한에 단독 정부가 수립된 것으로 보인다. 그리고 6·25 전쟁은 남한과 북한의 이념 대립과 함께 상대를 적으로 인식하면서 발생한 사건으로 생각된다. 이미 전쟁 전에 남한과 북한 군인들이 크고 작은 전투를 벌인 것에서 당시 상황이 어떠했는지를 짐작해 볼 수 있다.

하지만 헤아릴 수 없이 많은 사상자를 낸 6·25 전쟁이 발발한 것

은 1950년 6월 25일 새벽에 남한을 침공한 북한에 책임이 있다. 북한은 남한이 먼저 북한을 공격했다고 주장하지만, 그것은 여러 피고의 진술과 관련 자료를 살펴보았을 때 거짓된 주장으로 보인다. 따라서 북한이 주장하는 남한 북침설은 자신들의 공격을 정당화하기 위한 수단으로 여겨진다. 6·25 전쟁은 명백하게 1950년 6월 25일 북한이 남한을 공격하면서 시작된 전쟁이었고, 남한은 이를 방어하였을 뿐이다. 다만 이후 국제 연합군과 중공군의 참전으로 6·25 전쟁이 단순한 남한과 북한의 전쟁이 아닌 세계 여러 나라가 참여한 국제전으로 발전했던 것이다.

6·25 전쟁은 명백하게 북한의 선제공격으로 시작되었다. 하지만 당시 국내적·국제적으로 이념 논쟁이 활발했고, 통일 정부 수립에 대한 강한 열망이 있었다는 것이 인정된다. 전쟁이 일어날 조건이 충분히 갖춰졌던 것으로, 6·25 전쟁이 피고 김일성의 의지만으로 일어났다고 보지 않는다. 하지만 전쟁을 준비하고 전쟁을 시작한 데 대한 책임이 있기 때문에 김일성은 전쟁 발발의 책임을 지고 남북한 국민 모두에게 사과해야 하며, 전쟁으로 인해 생긴 정신적·물질적 피해를 보상할 책임이 있음을 인정한다.

역사공화국 한국사법정 담당 판사 공정한

에필로그

"옛날의 적이 오늘은 친구가 되었소"

8월 15일 아침, 한반도 변호사는 '한반도 쉼터'로 가는 버스에 몸을 실었다. 한반도 쉼터는 6·25 전쟁 때 희생당해 역사공화국으로 온 자들이 모여 사는 곳이다. 이른 시간이어서인지 버스 안은 한산했다. 한반도 변호사가 자리에 앉으려는데 낯익은 목소리가 들렸다.

"이게 누구야? 한반도 변호사 아닌가?"

목소리의 주인공은 나동무 변호사였다.

"선배님, 안녕하십니까?"

지난 재판에서 원고 측 변호사와 피고 측 변호사로 만나 싸움을 벌였지만, 사실 한반도 변호사에게 나동무 변호사는 인생의 롤 모델이었다. 나동무 변호사는 해박한 역사 지식과 상대의 허를 찌르는 언변으로 많은 재판에서 승소한 한국사법정의 스타였다.

"젊은 친구가 역사 지식도 풍부하고 주장도 논리적이었어. 내가 비록 졌지만 마음은 뿌듯했네."

"감사합니다. 선배님과 함께 법정에 들어선 것만으로도 영광이었습니다."

나동무 변호사와 한반도 변호사는 도란도란 이야기를 나누며 한반도 쉼터에 도착했다. 한반도 쉼터는 60년 전의 한반도를 보여 주는 듯했다. 사람들은 모두 그 당시의 옷을 입고 있었다. 남한군, 인민군, 중공군, 국제 연합군 군복을 입은 사람들이 한데 모여 이야기를 나누는 모습이 생소했다. 하지만 옛날의 적이 오늘의 친구가 되어 함께한다는 사실이 가슴 뭉클했다.

나동무 변호사와 한반도 변호사는 한반도 쉼터를 돌며 사람들과 인사를 나누었다. 6·25 전쟁 관련 재판은 역사공화국에서 워낙 유명한 사건이라 두 사람을 모르는 이가 없었다.

한쪽 구석에 낯익은 사람이 보였다. 그는 뽀글뽀글 파마머리에 선글라스를 끼고 카키색 옷을 입고 있었다.

"아, 아주머니!"

한반도 변호사는 이름이 생각나지 않아 무심결에 외쳤다.

"뭐? 아주머니? 내가 누군지 알고 하는 말이오?"

김정일은 법정에 이은 두 번째 굴욕에 얼굴이 새빨개졌다. 한반도 변호사와 나동무 변호사가 달래고 달래 겨우 마음을 진정시켰다.

"그나저나 김정일 국방위원장께서 이곳에는 무슨 일로 오셨습니까?"

"그게…… 아버지, 아니 김일성 장군님을 뵐 일이 좀 있어서……."

김정일은 손에 들고 있던 물건을 주섬주섬 등 뒤로 숨겼다. 하지만 빗자루와 쓰레받기인 것이 티가 났다. 게다가 나무 뒤에 숨어 있던 김일성도 불룩한 배 때문에 들통이 났다. 김일성은 그날의 일을 참회하고자 6·25 전쟁의 희생자들이 모여 있는 이곳에 아들 김정일과 함께 봉사 활동을 하러 온 것이었다.

"다들 여기 모여 있었군요!"

그때 네 사람을 향해 다가오는 신사가 있었다. 바로 이승만이었다. 이승만 역시 8월 15일 광복절을 맞이하여 한반도 쉼터를 찾아온 것이다.

"이렇게 다시 만나니 반갑습니다. 우리 이따가 별다방에 가서 차 한잔 할까요? 나, 이승만이 쏘겠습니다!"

"하하, 좋지요. 이번에는 나도 아메리카노 한잔 부탁합니다."

"허허! 그럼 난 쌍화차!"

한반도 쉼터는 이승만과 김일성의 웃음소리로 가득 찼다. 8월의 뜨거운 햇살이 남과 북의 마음을 하나로 녹여 준 듯했다.

강원도 고성의 DMZ 박물관

민통선은 군사 작전 및 군사 시설의 보호와 보안 유지를 목적으로 민간인 출입을 제한하는 구역을 표시하는 보이지 않는 선입니다. 강원도 DMZ 박물관은 이 민통선 안에 있으며, 지구 상에 남아 있는 유일한 분단국의 상징인 DMZ의 모습을 담고 있지요. 1950년 6월 25일에 일어난 6·25 전쟁 전후의 모습과 정전 협정으로 탄생한 휴전선의 의미, 전쟁이 끝난 뒤 사람의 발길이 닿지 않은 DMZ의 자연을 살펴볼 수 있는 박물관으로 2009년에 개관하였습니다.

DMZ 박물관의 영상관과 기획 전시실에서 다양한 전시물을 보고, 실외에서 분단의 상징인 철책 걷기 체험도 해 보세요. 박물관 전시실에서는 북한 주민들이 북한을 탈출할 때 주로 사용하는 소형 목선인 '전마선'과 함께 이들이 입었던 옷과 가지고 있던 물건을 볼 수 있습니다. 체험 코너 또한 다양해서, DMZ의 야생 동물들을 모델로 한 비누를 천연 재료로 직접 만들어 볼 수도 있지요. 때 묻지 않은 자연이 아름다운 비무장 지대 즉 DMZ에 있는 박물관인 만큼 갖가지 야생화를 볼 수도 있습니다.

아름다운 자연과 대비되는 슬픈 역사 현실을 가슴에 담을 수 있는 곳으로, 6·25 전쟁 즉 한국 전쟁에 관련한 다양한 자료를 한자리에서 볼 수 있고 남북한의 모습을 보다 현실적으로 들여다볼 수 있어 그 의의가 깊다고 하겠습니다.

찾아가기 **주소** 강원도 고성군 현내면 통일전망대로 369번지
관람시간 3월 1일~10월 31일 09:00~18:00
11월 1일~2월 28일 09:00~17:00(1월1일, 매주 월요일 휴관)
문의 033) 680-8463

DMZ 박물관의 전시관 내부

DMZ 박물관의 야생화 군락지

한 걸음 더! 역사 논술

『역사공화국 한국사법정 56 왜 6·25 전쟁이 일어났을까?』와 관련한 논술 문제를 풀어 봅시다.

※ 다음 제시문을 읽고 물음에 답하시오.

(가)

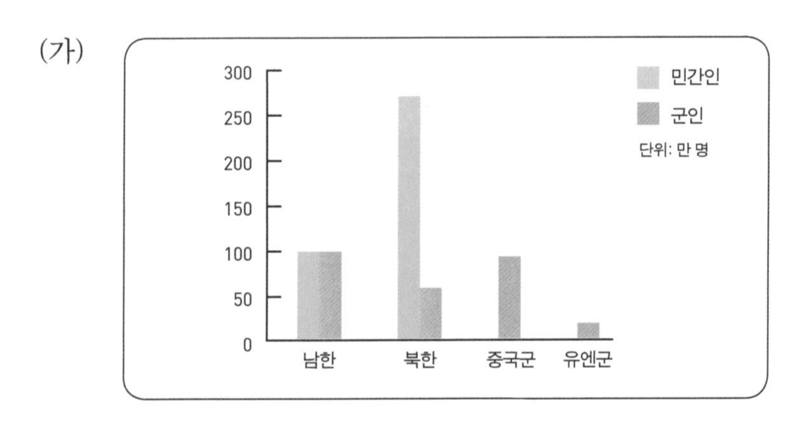

(나)

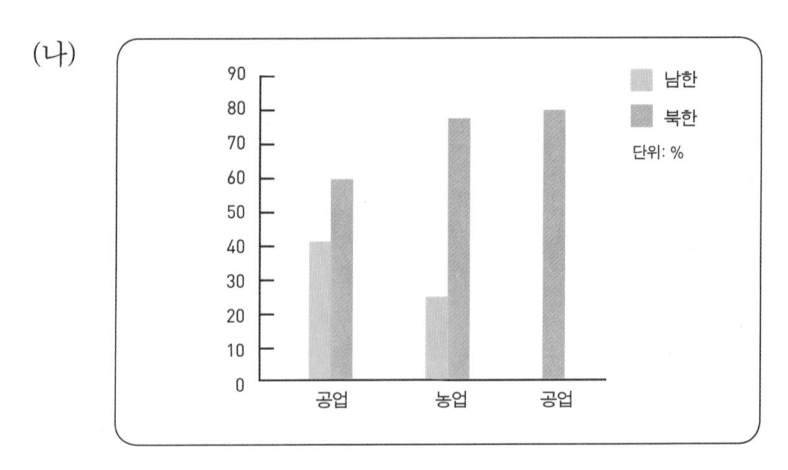

1. (가)는 6·25 전쟁으로 인한 인명 피해 상황이고, (나)는 1949년 대비 파괴율을 나타낸 것으로 6·25 전쟁으로 인한 경제적 피해 상황입니다. (가)와 (나)를 보고 6·25 전쟁이 한반도에 미친 영향에 대해 써 보시오.

※ 다음 제시문을 읽고 물음에 답하시오.

(가) 1876년 8월에 태어난 김구는 한국의 독립운동가이자 정치인입니다. 1919년 3·1 운동 이후에는 상하이에 임시 정부를 세우고 독립운동을 했으며, 해방 이후에는 통일된 나라를 만들기 위해 노력했습니다. 김구는 신탁 통치를 통한 외세의 지배가 계속된다는 소식에 분연히 일어나, 외세를 배제하고 우리의 통일 정부를 세우기 위해 노력합니다. 북으로 가서 김일성을 만나 설득하는 등 애를 썼지만, 결국 1949년 6월 육군 장교의 손에 암살당하고 맙니다.

(나) 1886년 5월에 태어난 여운형은 해방 이전에는 일제에 맞서서 싸웠고, 해방 이후에는 근로 인민당을 이끌고 건국 준비 위원회의 위원장 역할을 했습니다. 안창호의 연설에 감화되어 독립운동에 투신한 인물로, 남과 북이 따로 단독 정부를 세워서는 안 된다고 생각했습니다. 그래서 여운형은 몇 번이나 북으로 넘어가 단독 선거를 막자고 협력을 요청하기도 했지요. 하지만 1947년 7월 극우

세력에게 암살당하고 맙니다.

(다) 1900년 5월 충청남도 예산에서 태어난 박헌영은 청년 시절 상하이에서 사회주의 운동에 몸담았습니다. 이후 사회주의 단체를 이끌며 항일 독립운동을 계속했지요. 박헌영은 꿈에 그리던 해방을 맞자 남조선 노동당을 만듭니다. 그리고 친일파를 제거하고, 노동자를 보호하고, 빈부의 차이를 없애는 것 등을 주장하였지요. 남한에서의 활동이 자유롭지 않아 북으로 갔지만, 결국 미국의 스파이라는 죄를 뒤집어쓰고 1955년 12월 사형을 당하고 맙니다.

2. (가)~(다)는 우리나라의 대표적인 민족 지도자인 김구, 여운형, 박헌영에 대한 내용입니다. 서로 다른 인물인 (가)~(다)의 인물이 이룩하고자 한 것은 무엇인지 그 공통점을 써 보시오.

해답 1 (가)는 6·25 전쟁으로 인한 인명 피해를 남한, 북한, 중국군, 유엔군으로 나누어서 비교해 본 것입니다. 단위가 '만 명'이라는 것을 감안할 때 남한은 민간인 99만 명, 군인 99만 명이 희생되었음을 알 수 있지요. 북한은 그 피해가 더 커서 민간인은 268만 명, 군인은 61만 명이 희생되었습니다. 중국군과 유엔군의 피해도 적지 않았고요. 이처럼 동족끼리 총부리를 겨누었던 6·25 전쟁으로 인해 수백만 명의 사람이 다치거나 죽었습니다.

(나)는 6·25 전쟁으로 인한 경제적 피해를 1949년 대비 도표로 나타낸 것으로, 남한의 경우 공업은 절반 가량이 파괴되고 농업은 약 30% 가량이 파괴된 것을 알 수 있습니다. 북한은 그 피해가 더 커서 공업은 60%, 농업은 78%, 광업은 80%가 파괴되었지요. 이처럼 전쟁으로 인한 경제적 피해도 무척 컸습니다. 공장과 발전소가 파괴되었고 국토는 폐허가 되었지요.

해답 2 (가)는 김구에 관한 내용이고, (나)는 여운형, (다)는 박헌영에 관한 내용입니다. 세 사람 모두 독립운동을 이끌고 나라를 바로 세우고자 한 대표적인 민족 지도자였지요. 당시의 시대 상황에서 서로 주장과 노선은 다소 달랐지만, 세 사람 모두 나라와 민족을 위해 평생을 바친 인물이라는 공통점이 있습니다. 또한 김구, 여운형, 박헌영 모두 분단을 막고 민족의 통일된 정부를 세우려고 노력했다는 점이 같아요.

* 해답은 예시로 제시된 내용입니다.

찾아보기

ㄱ

건국 준비 위원회 35, 41

경거망동 28

고대광실 39

고문단 86, 87

공동 성명 제5호 52

괴뢰 108

국방위원장 29

국제 연합 52

ㄴ

남로당 69

ㅁ

미소 공동 위원회 회의 50

ㅂ

반경 활동 69

발발 118

반란 71

분단국가 27

ㅅ

상호 방위 원조 협정 101

속국 37

신탁 통치 47

ㅇ

애치슨 라인 101

옹진 반도 103

우익 49

인구 비례 대표제 62

인천 상륙 작전 121

ㅈ

장제스 125

제주 4·3 사건 67

좌익 49

ㅋ

카이로 선언 29

ㅌ

퇴정 122

ㅍ

폄하 35

포츠담 회담 30

ㅎ

한국독립당 33

역사공화국 한국사법정 56

왜 6·25 전쟁이 일어났을까?

초판 1쇄 발행일 2012년 8월 31일
초판 8쇄 발행일 2022년 6월 17일

지은이 김광일 박지현
그린이 남기영
펴낸이 정은영

펴낸곳 (주)자음과모음
출판등록 2001년 11월 28일 제2001-000259호
주소 10881 경기도 파주시 회동길 325-20
전화 편집부 (02)324-2347 경영지원부 (02)325-6047
팩스 편집부 (02)324-2348 경영지원부 (02)2648-1311
이메일 jamoteen@jamobook.com

ISBN 978-89-544-2356-4 (44910)

과학공화국 법정시리즈 (전 50권)

생활 속에서 배우는 기상천외한 수학 · 과학 교과서!
수학과 과학을 법정에 세워 '원리'를 밝혀낸다!

이 책은 과학공화국에서 일어나는 사건들과 사건을 다루는 법정 공판을 통해 청소년들에게 과학의 재미에 흠뻑 빠져들게 할 수 있는 기회를 제공한다. 우리 생활 속에서 일어날 만한 우스꽝스럽고도 호기심을 자극하는 사건들을 통하여 청소년들이 자연스럽게 과학의 원리를 깨달으면서 동시에 학습에 대한 흥미를 가질 수 있도록 구성하였다.

물리법정 1 물리의 기초
물리법정 2 물리와 생활
물리법정 3 빛과 전기
물리법정 4 소리와 파동
물리법정 5 여러 가지 힘
물리법정 6 운동의 법칙
물리법정 7 일과 에너지
물리법정 8 유체의 법칙
물리법정 9 현대물리학과 양자론
물리법정 10 상대성 이론

화학법정 1 화학의 기초
화학법정 2 물질의 구성
화학법정 3 물질의 성질
화학법정 4 화학반응
화학법정 5 화학과 생활
화학법정 6 신기한 금속
화학법정 7 여러가지 화합물
화학법정 8 물질의 변화
화학법정 9 음식과 화학
화학법정 10 우리 주변의 화학

생물법정 1 생물의 기초
생물법정 2 동물
생물법정 3 곤충
생물법정 4 인체
생물법정 5 식물
생물법정 6 자극과 반응
생물법정 7 유전과 진화
생물법정 8 신기한 생물
생물법정 9 해양생물
생물법정 10 미생물과 생명과학

지구법정 1 지구과학의 기초
지구법정 2 천문
지구법정 3 날씨
지구법정 4 지표의 변화
지구법정 5 지질시대
지구법정 6 남극과 북극
지구법정 7 화석과 공룡
지구법정 8 별과 우주
지구법정 9 바다 이야기
지구법정 10 이상기후

수학법정 1 수학의 기초
수학법정 2 수와 연산
수학법정 3 도형
수학법정 4 비와 비율
수학법정 5 확률과 통계
수학법정 6 여러 가지 방정식
수학법정 7 여러가지 부등식
수학법정 8 여러가지 수열
수학법정 9 수학퍼즐
수학법정 10 수학의 논리

철학자가 들려주는 철학 이야기 (전 100권)

아이들의 눈높이에 맞춘 철학 동화!
책 읽는 재미와 철학 공부를 자연스럽게 연결한 놀라운 구성!

대부분의 독자들이 어렵게 느끼는 철학을 동화 형식을 이용해 읽기 쉽게 접근한 책이다. 우리의 삶과 세상, 인간관계에 대해 어려서부터 진지하게 느끼고 고민할 수 있도록, 해당 철학 사조와 철학자들의 사상을 최대한 풀어 썼다.

이 시리즈의 가장 큰 장점은 내용과 형식의 조화로, 아이들이 흔히 겪을 수 있는 일상사를 철학 이론으로 해석하고 재미있는 이야기로 담은 것이다. 또한 아이들의 눈높이에 맞는 쉽고 명쾌한 해설인 '철학 돋보기'를 덧붙였으며, 각 권마다 줄거리나 철학자의 사상을 상징적으로 표현한 삽화로 읽는 재미를 더한다. 철학 동화를 이끌어가는 주인공을 형상화하고 내용의 포인트를 상징적으로 표현한 삽화는 아이들의 눈을 즐겁게 만들어준다. 무엇보다 이 시리즈는 철학이 우리 생활 한가운데 들어와 있고, 일상이 곧 철학이라는 사실을 잘 보여준다. 무엇보다 자기 자신을 극복한다는 것, 인간을 사랑한다는 것, 진정한 인간이 된다는 것, 현실과 자기 자신을 긍정한다는 것 등의 의미를 아이들의 시선에서 풀어내고 있다.